カウンター越しに学んだ富裕層の成功思考

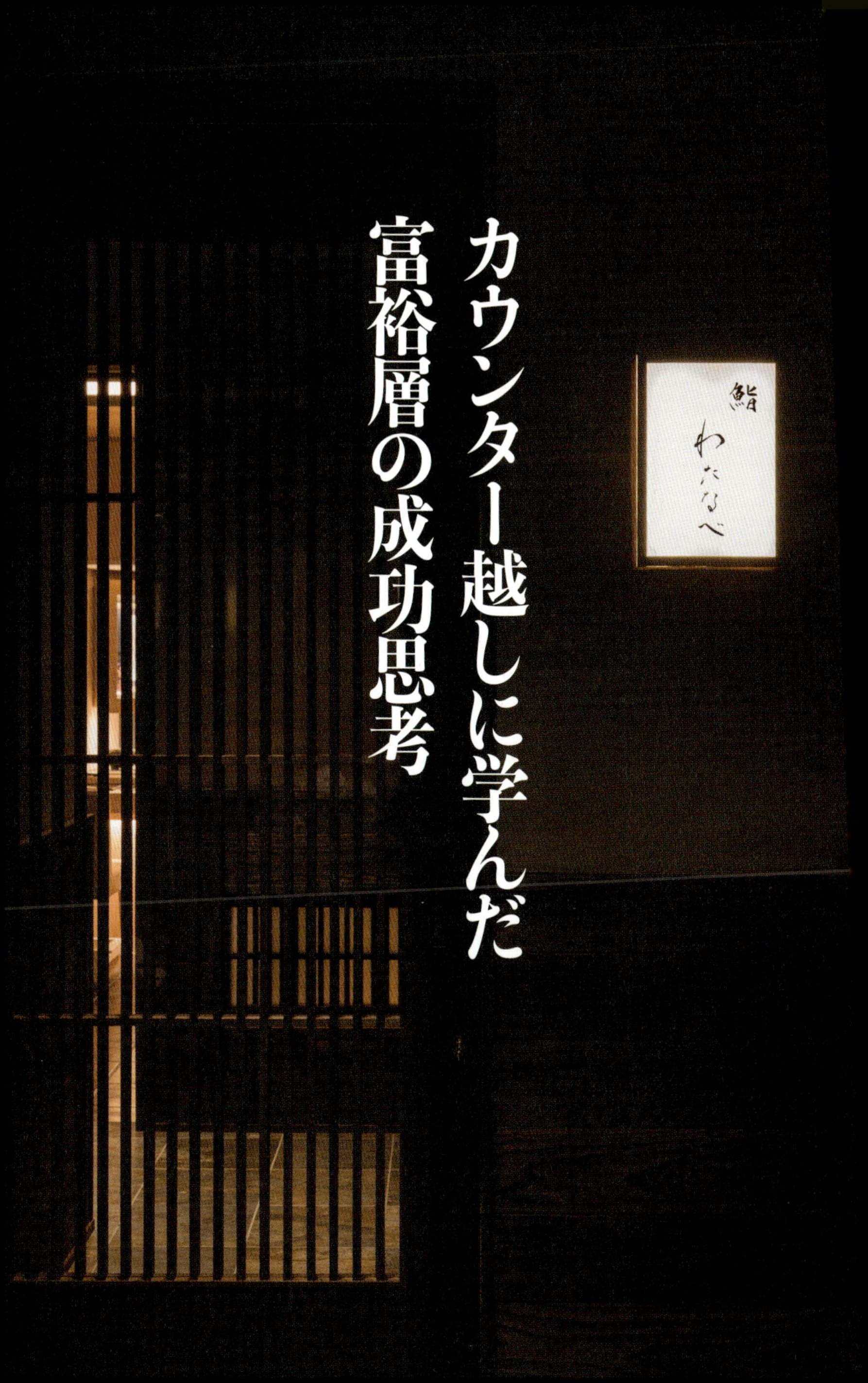

ネタはもちろんシャリにも細心の注意を払い、
江戸前鮨の伝統的な手法で北海道の素材を
活かしきった蝦夷前鮨の数々。

カウンター越しに学んだ
富裕層の成功思考

渡部朋仁
鮨わたなべ店主

はじめに

北海道で『鮨わたなべ』を営んでいる、渡部朋仁《ともひと》と申します。
地元の食材を使った江戸前鮨を、〝わたなべ流蝦夷前鮨《えぞまえずし》〟としてお客さまにご提供しています。

鮨屋の子どもが圧倒的に多い鮨職人の世界に、ごく普通の勤め人の家庭で育った自分が飛び込んだのも何かの縁だったように思います。子どもの頃は野球しかしていなかった野球小僧。まさか自分が、こうして鮨屋を経営するようになるとは思ってもいませんでした。

そんな思いがけない道に足を踏み入れてから、早いもので約30年。月日が経ってふり返ってみると、**いつの間にかカウンター越しにビジネスを学び、社**

会を知る日々でした。

ただ鮨を握っていただけではない、ただ鮨屋を経営していただけではない、**もっと広く世の中というものを見る経験をしていた**ことに気付きました。

鮨屋というのは、飲食店の中でも特殊な形態で営業をしています。カウンターでお客さまと向き合い、素手《すで》で食べ物を用意し、素手で食べ物を渡す。そんな料理屋は、世界中にも鮨屋をおいて他にないのではないかと思います。

満足していただける食事を提供するということは大前提ですが、さらに**お客さまとの関係性を紡《つむ》ぎながら空間を共にしていく**のです。そのおかげで、いつしか視野が広がり学びも積み重なっていきました。

また、集まってくるお客さまも他の飲食店とは一線を画していて、店のコンセプトを認めてくださった一流の富裕層がほとんどです。

もちろん、フレンチや中華、イタリアンなどの高級店にも富裕層は集まるものですが、カウンター越しに会話が生まれる鮨屋ほど、コンセプトや価値観が重視されることはないと思います。

こうして鮨職人として料理にこだわるだけでなく、店を任されるようになってからは、政財界の重鎮や著名人といった普通ではなかなか出会えないような方々とも言葉を交わしてきました。

そのおかげで、**どんな人が仕事で結果を出せるのか、一流の人はどんなふうに鮨屋を使うのか、本物の富裕層とはどのような人たちなのか、**といったことも見えてきたのです。

鮨屋のオーナーでもある自分自身の経営学とも重ね合わせて、日々感じることもあります。

いつもまとまりなく考えているあれこれを、これもまたカウンター越しに長年の常連さんなどに話してみると、「おもしろい！」という反応もかえってきました。

そこで出版を勧められたわけですが、私は元来、おもしろみがある人間でもなく、目立つパフォーマンスをする料理人でもなく、ただコツコツとやるべきことを正確にくり返していくことで道を切り拓いてきたタイプです。

果たして自分の考えていることがおもしろいのかはわかりませんが、もしかするとビジネスで成功したい人や富裕層のステージに上がりたい人にとっては、この一冊が何か参考になるかもしれません。

本書ではまず、第1章、第2章で日本人の平均的な層よりも少し余裕のある〝成功するビジネスマン〟のあり方を、鮨屋の目を通して描いていきます。誰もが努力次第で到達できる、ビジネスマンの姿をとらえました。

そして第3章では、そこからステップアップするためのヒントを鮨屋の経営学と絡めてお話しし、第4章ではさらに大きく成功してネクストステージに上がるために、ビジネスで成功した人々がどんな工夫や考え方をしているのかをお伝えします。

だんだん、努力だけでは難しい域に入っていきますが、だからこそ簡単ではない成功への道筋が見えてくるのだということを知っていただけたら幸いです。

そんなふうに苦労しながら成功したビジネスマン、さらに富裕層たちを惹きつけるのが鮨屋です。では鮨屋には、どんな歴史やこだわりがあって成功者に選ばれるのか。これを第5章でひも解いていきます。

そして最後に第6章で、**ただのお金持ちとは一線を画す、鮨屋に集う本物の富裕層たちのライフスタイル**について語ります。

特にビジネスの成功や富裕層を目指しているというわけではない方々にも、鮨屋が見ている日常の風景として、気楽に読んでいただけると思います。

ただ、これだけビジネスの第一線で活躍する人や富裕層が集まる場で、こんなにも信頼関係を築いていく飲食店もなかなかないことは確かなので、これまで鮨屋を行きつけにしていない人には、新たな世界として楽しめる話はたくさんあることでしょう。

また、すでに行きつけの鮨屋があるという人にとっても、もっとうまく鮨屋を使っていく一助になるのではないでしょうか。

読者のみなさんそれぞれ、ご自分の今の立ち位置や嗜好《しこう》によって、興味のあるところから読んでいただければいいと思っております。

みなさんが想像するより、一流の成功者と鮨屋との関係は深いです。そんな鮨屋から見えてくる世界を、ぜひ一緒に感じてください。

目次

第1章 ネクストステージを目指す一流ビジネスマンの鮨屋の使い方

第4章 カウンター越しに学んだ一流のビジネス作法

第5章 富裕層を惹きつける鮨屋のこだわり……177

序章

野球少年が鮨職人になり、経営者として店を繁盛させるまで

ただの野球少年だった自分が、ある日気付いた「お金は大事」

私は、北海道東部の中標津《なかしべつ》町で生まれました。

家族の仕事はみんな堅くて、祖父母も両親も公務員や専門職。そんなキッチリした家庭で、弟や妹も似たような職業に就きました。そんな家族の中で、自分だけちょっと異色でした。

子どもの頃から毎日毎日ずっと野球ばかりやってきて、絵に描いたような野球少年でした。高校も強豪校から声がかかるくらい頑張っていたのですが、中学3年生の時に病気で激しいスポーツができなくなってしまいました。

さて、高校進学はどうしよう。

もともと野球推薦か、指定校推薦で高専に進学するか迷っていたところ、病気で野球の道が断たれたので、高専から大学に行ってものづくりの道に進みたいと思いました。

ところが、親からストップがかかってしまったのです。高専に進学するには越境入学をしなければならず、それだけお金の負担が大きくて我が家では無理だということでした。

この時、**まだ中学3年生だったけれど、「お金って大事なんだな」ということが頭に刻まれた**と思います。

高専をあきらめて地元の高校に進学してみると、そこにはそれまで一緒に野球をやっていた仲間たちもたくさんいました。その高校ではプロ野球のドラフトで名前が挙がったという監督が野球部を率いているというので、その監督の元で野球をやりたいと集まってきていたのです。

しかし、自分はスポーツ漬けの生活はできないので、かつての仲間たちが野球で汗を流すのを横目で見ているしかありませんでした。

彼らは先生の指導の下に努力して、私も夢見ていた甲子園への切符をつかみ取りました。正直、悔しくてたまらなかったです。

小学校、中学校と、みんなと同じように野球を頑張ってきたのに、自分だけ甲子園へ続く道から逸《そ》れてしまった。この頃、その現実を受け止めるために大いに葛藤しました。

そこで、ある決心をしてやっと心を落ち着けました。

大学に行って、もう一度野球をやろう！

やっと自分の中でスイッチが入り、受験勉強をして東京の大学に進学。

ところが、その大学は野球の強豪校で、野球部に入部できるのはセレクションや推薦で集められた学生ばかり。一般の学生の入部が許されるところではなかったのです。

結局、野球ができなくて悶々とする日々でした。

アルバイトからスタートした料理人への道

ただ、そのまま悶々としているだけで何もしなければ、食べるのにも困ります。アルバイトをしなければならないと思い至り、どうせなら食べもの屋でアルバイトをしようと和食屋で働きはじめました。

ここが、鮨職人となった今の私の原点です。

もともと、料理や食べることにこだわりがあったわけではありません。野球をやってお腹がペコペコになるので、とにかく何かで腹を満たせればいい。その程度の食の意識しかありませんでした。

出汁《だし》を丁寧にとって料理をするような家庭でもなかったし、母は料理はあまり得意ではなかったと思います。

ただ、家族ぐるみで付き合いのあった幼馴染の家では、お父さんがグルメで、私も一緒によくおいしいものを食べに連れて行ってもらいました。

Tボーンステーキやオニオンスープのパイ包み焼きなどを食べて、「おいしいものはおいしいんだな」と感じたことは覚えています。友だちのお父さんの**「職人がつくったものはうまい」**という言葉も。

また、小学校低学年くらいまで一緒に食事をしていた祖父もなかなか食にうるさく、自分で季節の魚をさばいて料理屋のような4〜5種類のつまみをつくり、晩酌をするようなこともありました。そのこだわりが、潜在意識に刷り込まれていたのかもしれません。

とにかく、料理好きでもなかったにもかかわらず、日本料理屋での仕事にはおもしろさを感じることができました。子どもの頃からものづくりが好きで高専に行きたかったほどなので、料理というものづくりが性に合っていたのだと思います。

それだけでなく、たまたまバイト先の親方の給与明細を見せてもらったら、その金額の高さに驚いて「この仕事でやっていこう！」と決意しました。

年齢や学歴は関係なく、自分の腕で上を目指せる実力主義の世界。しっかり給料もついてくる。

お金が大事であるということを身に染みて感じていたので、自分の努力次第で稼げることは魅力でした。

それに、もともと体育会系の縦社会で生きてきた自分には、**コツコツと技術を先輩たちから学んでいく職人の世界は、居心地のいい世界**でもありました。野球ができないのなら、大学に通い続ける意味もない。自分は料理人として自分で道を切り拓いていく。

そう考えて、大学を中退して料理の道に邁進することにしました。

鮨職人に転身し、故郷で自分の店を持つ

アルバイト先は新規オープンの日本料理屋さんでしたが、そこで自分を磨こ

うと頑張っていたら、名店から声をかけてもらえました。先輩の背中を見て学び、引っ張ってもらってついて行くというような修業の旅だったのです。

移った店の親方はまだ若く、住んでいる場所が近かったこともあって、一緒に帰ったりご飯を食べに行ったりして、いろいろな話を聞かせてもらえました。この出会いが、人生の大きなターニングポイントになったと思っています。

その親方から言われて印象深かったのは、「おまえは日本料理屋では成功できないよ」ということ。

当時、名店と言われる日本料理屋の料理人には、ほとんどサラリーマンの家で育った者がいませんでした。多くは飲食店関係の家の子どもで、いい店ほどその傾向は強いです。親方も、鮨屋の息子さんでした。

当時、日本料理屋をやるにはお金も人脈も必要だったのですが、勤め人の息子である自分には、確かに家の後ろ盾がありません。いい店をやろうと思ったら、食器やしつらえなどで3千～5千万円は軽くかかってしまうし、出資してもらえるような人脈も持っていませんでした。

唯一できるのは、鮨屋だと教えてもらいました。カウンターと冷蔵庫と包丁があれば、小さなスペースでも店を開けると。

その親方の元で3年間、日本料理の仕事のかたわら、鮨屋に必要な魚のおろし方や仕込みなどを一通り学ぶことができました。それだけでなく、江戸前鮨を握るのに必要な仕事まで教えてもらえたのです。

日本料理屋と鮨屋では料理のベースが違うので、実はイタリアンの店で中華を教わるようなもので、普通に考えればあり得ないことでした。だから、それがどんなにありがたいことであったか身に染みています。

料理長をやらないかとお誘いいただけるようになったのは、20代の半ばを過ぎた頃。いくつかの店で雇われ料理長を務めて、任された店はすべて繁盛するという結果を出せたうえ、新宿の店が爆発的に人気となり、毎週のように取材が入るようになって雑誌やテレビで名前が出るようになりました。

その頃、恵比寿の松栄という鮨屋の親方である松下義晴氏と親しくなり、ニューヨークに出店する計画があるから一緒にやってみないかと誘われ、運営会社の株式会社ピューターズに入りました。

日本料理の料理人から、鮨職人への転身です。同時に、私の人生の大きな転機でもありました。

松下氏は、数えきれないほどたくさんのことを教えてくれた人です。鮨職人でありながら経営者。私がピューターズに在籍していた頃、すでに7店舗を切り盛りして、職人と経営者の狭間で奮闘されていました。

当時は私も「職人が店を経営する」という姿を見せていただき、新規店舗の物件を吟味するようなお手伝いをしたことが財産になっています。

実は、入社のきっかけとなったニューヨーク出店は、白紙になってしまいました。出店準備もかなり進んでいたところで9・11のテロが起きたのです。

ニューヨークでは活躍できなかったものの、多数店舗の料理長をやらせていただくことができました。待遇も給料も良く、海外に行って鮨を握って見せるような機会もあって、仕事はとてもおもしろかったです。

故郷で自分の店を持つ

ただ、そんな時期に母が倒れてしまいました。通院の介助など、誰かがそばにいなければ。そう考えて、私が北海道の中標津に戻ることにしました。

そこではたと気付いたのが、働く場所がないこと。もちろん、料理人としての仕事がまったくないわけではないですが、東京で人気店を切り盛りしていただけに、どうしても給与や仕事内容に満足できなかったのです。

じゃあ、食べていくためにも中標津で店を開こう。あまり深く考えずにそう決めました。

その時に役立ったのが、以前働いていたお店の親方の言葉です。

後ろ盾もお金も十分にない自分ができるのは、鮨屋しかない！

それに、考えてみれば鮨には大きな可能性がありました。**鮨は文化だということを、それまでの料理人人生で感じていた**からです。

海外で鮨を握れば、マジックを見ているようだと拍手喝采されました。日本では当たり前のように思われていても、海外の食文化には鮨のように「手からどんどん食べ物が生み出される」というものがなかったからでしょう。

そんな日本ならではの食文化である鮨を、今まで地元の中標津にはなかった形で提供していこうと決めました。

中標津は、それまで働いていた東京とはまったく違います。昔ながらのネタケースに魚を並べるような古い鮨屋しかなかったから、「いい時期にいいものを仕入れることにこだわった〝おまかせ〟だけ」でやっていく私のスタイルは、かなり異色だったと思います。

そんなやり方ではうまくいかないと周りから罵《ののし》られ、「すぐに潰れる」と誹謗中傷のレベルで叩かれただけでなく、お客さまからもかなり不満の声をいただきました。

それでも、料理のクオリティが高ければお客さまはそれなりに来るもので、**誹謗中傷をはね返すように経営が軌道に乗って、地元に根を張って順調に商売ができる**自信もつきました。

その頃、まだ31、2歳でした。若かったし、銀座や恵比寿の店を繁盛させた実績があったので、少し有頂天になっていたのかもしれません。自分がやれば、なんでも成功できるような気がしていました。

挫折がきっかけで真剣に鮨と向き合う

自分にはなんでもうまくやれる！　そんな高揚感もあったせいか、「鮨だけじゃ、この先限界があるから、水産加工をやろう」と意気込んで、借金もして事業化にこぎつけたのですが……。

運悪く大不漁で加工するべき水産物が手に入らない状態になり、１５００万円ほどの大きな損失を出してしまいました。これが、私にとっては教訓となった挫折です。

しかし考えれば、そこから真剣に鮨だけでなく経営にも向き合えたように思います。最高の鮨をお客さまに提供するのは当然のこととして、経営もうまくやっていくにはどうしたらいいか。

１５００万円を返済しつつ、鮨屋は絶対に失敗できないと思いました。

そうして地道に努力していった結果、なんとか水産加工の失敗を取り戻していったのです。さらにそれまでの築50年の賃貸の手狭な店舗から出て土地を買い、新しい店舗を建てたことで、経営もうまくいくようになっていきました。

それも、**コツコツと最高の鮨を追求する姿勢を見ていてくれた人たちがいたからこそだった**と思います。それほど付き合いがあったわけではない銀行が、抵当に入っていた一等地の土地を斡旋してくれたのは、まさにその例です。

おかげで安くいい土地を手に入れることができ、そこに、ちょうど運よく国金（日本政策金融公庫）が低金利で貸し出し先を増やそうとしていたので、店舗の建設も低金利で融資を受けることができました。

古びた小さな店からスタートした中標津の鮨屋でしたが、雰囲気もスペースも余裕のある店を一等地に出せたことは、店の成長に大きな影響を与えたと考えています。

ちなみに、帰郷の理由となった母は、私が北海道に帰ってから間もなく亡くなりました。

この時にも、**「命もお金次第だな」とお金の大事さを思い知る**こととなりました。

治療に際限なくお金をかけるわけにもいかない。それが実家の考え方だったからです。決して貧しい家庭だったとは思いませんが、結局**お金を出さなければ、出せないのと結果は同じ。**

高専への進学が叶わなかった時と同様に、お金に対する複雑な思いを抱える出来事になりました。

地元のお客さまが来る中標津の店の戦略

お客さまに最高の鮨をお出しするために地道にやっていたことは、地方の鮨屋を徹底的にまわってみることでした。

なるべく自分で食べ歩いて体感するスタイルは、東京でお世話になっていたピュータースの社長である松下氏の経営スタイルを参考にさせていただいています。

やはり、**自分が客の立場で体験してこそわかることがありました。それを自分の店にフィードバックしていく。**それをやる、やらないで、店のクオリティはまったく変わっていきます。

私が中標津の店をやるにあたって意識していたのは、東京で学び働いていた経験を生かして、日本全国からさまざまな食材を集めてお客さまに提供することでした。

お客さまはほとんどが地元の人であり、その多くは農業に従事しているわけです。そうした基幹産業を支えるみなさん、特に家畜の世話に追われる酪農家の方たちの傾向としては、あまりあちらこちらへ出かけることができません。

結果として、他の土地の名産品などを口にする機会が少なくなります。しかし、食べたいという気持ちはもちろんあるわけです。

そこで、最高のフグ、クエ、岩ガキ、鮎などを、それぞれの旬の時期に各地から仕入れて日本の四季を楽しんでいただく。

そんな店にしていこうと考え、それが受け入れられました。

食材には厳然たるグレードがあり、グレードの高い食材はいい職人が扱ってこそおいしくなる。それは誰にでも食べられるものではないので、口にすれば感動があります。

だから、最高の食材のために田舎では考えられないような単価であっても、客足が遠のくことはありませんでした。

それに加えて、意外にも農業関係の視察などで海外からも人が来て鮨を楽しんでくれます。

中標津も捨てたものじゃない！　おかげで、地元はもとより、近郊の町でも店の名が少しずつ売れていきました。

道外からのお客さまが訪れる札幌の店の戦略

やがて店を任せられる人材が育ってきたため、札幌にも出店することにしました。

ものづくりは人ありきだと思っているので、私は箱（店）から先につくるつもりはありません。**人が育ってこそ、箱も増やせます。**

札幌出店に当たっても、調査のため徹底的に同じ業種、業態の店を食べ歩きました。札幌の有名鮨屋のほぼすべて、70～80店はまわったと思います。

そこで感じたことは、札幌の鮨屋も東京の鮨屋とあまり変わらないということ。北海道で獲れる魚にこだわらず、日本各地から取り寄せた魚が使われていました。

だからこそ、私は北海道の魚にこだわりたいと思いました。

札幌は中標津とは違って、お客さまは地元の人が中心というわけではありません。札幌の人が、道外からのお客さまを連れて鮨屋にやって来ることが多いです。

道外からのお客さまは、せっかくなら北海道の魚を召し上がりたいはず。札幌だからこそ食べられる素材で勝負しようと考えました。

江戸前の技法を北海道の魚にほどこす「わたなべ流蝦夷前鮨」

そもそも、私が学んだのは江戸前鮨です。

江戸前鮨は、東京湾で獲れた魚を手軽に食べられるもの。今のファストフードのような位置付けでした。

当時は魚を食べられるのはある程度上流階級の人たちに限られていたし、生で食べる習慣もほぼなかったようです。そんな中で、魚料理では使われない部分に手をほどこして、生で食べる江戸前鮨が目を引いたのでしょう。

屋台に類する店で売っていたため、ネタはしょうゆに漬け込んだり酢や塩で締めたりし、ご飯も酒粕を再発酵させて寝かせた赤酢を合わせて、傷まないように工夫したところからはじまっています。

流行っていた江戸時代後期には、一人前がこぶし大もある大きな握り8貫で、ご飯1合分もの量があったそうです。今とはかなりイメージが違います。

現代の江戸前鮨は当時とは大きくかたちを変えながらも、しっかり手間暇をかけてつくっていくという神髄はそのまま大切にされています。

私は、**自分が学んだ江戸前の技法を、東京湾の魚ではなく北海道の魚にほどこしている**のです。江戸前鮨の技法が、おいしい北海道の魚をよりおいしくしています。

北海道の鮨は、北海道地方の古称である蝦夷にちなんで「蝦夷前鮨」と表現されますが、**江戸前の技法にこだわる私が握る鮨は「江戸前鮨」でも単なる「蝦夷前鮨」でもなく、「わたなべ流蝦夷前鮨」**です。

また、私は一般的によく使われる「寿司」という字ではなく「鮨」を使っています。なぜならこの2つは意味合いが多少違うからです。

「寿司」の方は、たとえば冠婚葬祭や祝宴のように、他の料理もいろいろ出されるような場で食べるすしのこと。一方で「鮨」は、鮨だけの店で食べられる「すし」です。

はっきりしたことはわかりませんが、戦後は祝い事に縁起のいい「寿司」という字が好まれるようになり、こちらの方がよく使われるようになったという話も聞いたことがあります。

もともとすしのはじまりは、保存のために発酵させたご飯に魚を漬け込んだ酸味のある「なれずし」であり、古くは「鮓」という字が使われていたそうです。そこからだんだん「鮨」も使われるようになってきて、すしだけでなくいろいろな料理を食べさせる店が発展してきて「寿司」も出てきました。

本作中、基本的に私が考えるすしは「鮨」として表記していますが、意味によっては「寿司」と書いてあるところもあるので、その違いには意味があるということをご理解いただけると幸いです。

経営者として大切にしていること

中標津と札幌。それぞれの土地で鮨屋をやることで、私は職人だけでなく、経営者としての意識も強く持たなくてはならなくなりました。

自分で店を持っても、1店舗だけを守っていくのであれば、職人としての信念でやっていけます。ただ、**店舗を増やせば職人の顔だけではダメで、より経営に注力していかねばなりません。**

経営において私が常に大事にしていることは、店の個性を出すことです。中標津では地元のお客さまに向けて日本各地から取り寄せた食材を、札幌では道外からのお客さまに向けて北海道ならではの食材を使うというように、土地ごとの客層を見極めて何が喜ばれるかを考えます。

しかし、個性を出しつつも共通して大切にしていることもあるのです。それは、**「安心安全」であること。**

常連さんたちは、自分の大切なお客さまを鮨屋に連れて来てくださいます。その時に常連さんが、「ここが自分の行きつけだ」と堂々と言える場所でなくてはなりません。

料理はもちろん、サービスやしつらえ、居心地など、誰もが安心して受け取れるレベルであること。リスクは何もないこと。その**「安心安全」をご提供することが**大切なのです。

そのために私は、自分ができることを毎日コツコツとくり返します。選ばれる店になるためには、派手なことは何もいらない。ただ、根気よく当たり前のことをやり続けます。

第1章

ネクストステージを目指す一流ビジネスマンの鮨屋の使い方

鮨屋も千差万別で、大勢の人に楽しんで食べていただける気軽な回転鮨から、ご紹介がなければ行くことができない高級店まであります。どんな鮨屋にもそれぞれ重視するものがあり、それもまたさまざまです。

ですから、安価な鮨屋にも「一人でも多くの人に鮨を提供する」とか「小さなお子さんにも喜んでもらえる店にする」といった目標があり、それはそれでとても意義のあることだと思います。

ただその中で、ある一定の水準以上の味とサービスをご提供するために骨身を削っている鮨屋には、特別な客層がつきます。それは、**ビジネスでの成功者や富裕層**。

プライム企業の中で仕事の結果を出し、会社員としては十分に高い年収を得ているような人が接待で鮨屋を使うことが多いですし、経営者は商談でもプライベートでもなじみの鮨屋に通います。

桁違いの富裕層が、くつろぐために食べにくることもあります。

第1章ではまず、富裕層ではないけれど仕事で鮨屋をうまく使い、成功しているビジネスマンにスポットを当てていきます。

成功者は鮨屋を（ビジネス会食＋プライベート）÷2で利用する

スマートにお客さまを誘える鮨屋を選ぶ

私の鮨屋には、ありがたいことにたくさんのお客さまがいらっしゃいます。一度来店して終わりではなく、ひいきにして何度も通ってくださるお客さまも多いです。

どんなお客さまも等しく大切ですし、もちろん仕事やプライベートについて詮索することもありません。ただ、ひいきにしてくださるお客さまの中には、社会的に成功されている方が少なくないことは確かです。

成功者は、鮨屋を積極的に使っています。

カウンター越しに見る成功者の鮨屋の使い方は、ビジネスの匂いを感じさせずにとてもスマートです。

まず、ご自身のお客さまと2人で訪れます。たとえばプロジェクトが始動する前段階で、顔合わせ的にグループで鮨屋を利用していただくケースはあったとしても、ほとんどは1対1でゆっくり話をする。

つまり、プロジェクトの最終段階で、決裁権のある重要な人物が2人で話をする場になっているということです。

そして、いかにも「仕事の話をしましょう」という様子は見せません。まるで、「実はひいきにしているうまい鮨屋があるから、一緒に行きませんか?」と軽く誘うように、自分のお気に入りの店の鮨を大切な人にも味わってほしい、知ってほしいといった感じでお客さまを連れてこられます。

この、**ちょっと親密な感じを演出できるのが鮨屋であり、一流ビジネスマンが鮨屋を選ぶ理由になっている**と思います。

高級な日本料理屋なども、もちろん一流ビジネスマンにふさわしいです。でも、座敷の個室に向かい合って凝った料理を食べるとなると、やや堅苦しく儀礼的な関係から抜け出せないのかもしれません。普段から気軽に行けるような店でもないので、「自分の行きつけの店」という位置づけにもなかなかできないでしょう。

その点、鮨屋であれば、ちょっと声をかけてお誘いするという体でビジネスの相手とも来ることができますよね。座敷を用意している鮨屋もありますが、2人ならカウンターに座って物理的にも近い距離で会話できるのがいいところです。

本当にデキる人は、「高級なら高級であるほどいい」という考え方をしないので、格式のある日本料理屋にこだわらず、自分のテリトリーに相手を迎え入れて勝負をしているように感じます。

鮨屋の大将を巻き込んで和やかな空間をつくる

また、鮨屋のカウンターがいい仕事をしてくれます。

鮨屋は厨房にこもって鮨を握るのではなく、カウンター越しに常にお客さまのそばで鮨を握ります。**微力ではありますが、大将が商談成立のお役に立つことがある**のです。

親し気に鮨をつまんでいるとはいえ、ビジネスでの関係性でつながっているお2人。ずっと2人きりで会話をするよりも、カウンター越しに鮨屋の大将が時々会話に加わると、かなり話も進んで雰囲気が和みます。

私自身、自分から話に入ることはありませんが、「ねえ、大将」と声をかけられてお客さまの会話に加わることは多いです。

黙々と別世界で鮨を握っているような雰囲気では話しかけづらいでしょうか

ら、こちらもある程度は、お客さまの会話にも馴染むたたずまいを心がけ、いつ話を振られてもいいようにしています。

そんな時の会話の内容は、当たり障りがないながらも、共感したりちょっと楽しくなったりするようなこと。

やはり私が鮨屋ですので、鮨の話が多いです。お客さまの方から、「前に行った、あそこの鮨がうまかった」というようなお話もよくしていただくのですが、私も札幌のたいていの鮨屋には足を運んで知っていますから、「あそこはいい店ですね」と受けて話に入ります。

人は、自分の気に入っているものを認知してもらうとうれしいもの。お客さまが気持ちよく会話できるように、もちろんウソは言いませんが、共感したり知っていることがあったりすれば、「そうですね、そう思います」「ああ、私も知っていますが、いいですね」と、積極的にポジティブな反応をするようにしています。

鮨屋はそういう場所であり、ひいきにしてくださっているお得意さまはそれをよく理解されているので、**ビジネスにおいてキーとなる大事な人を連れて来るのです。**

まずは仕事の話は置いておいて、楽しく会話をする。決してうるさくしゃべったりせずに、あくまでも相手に気持ちよくなってもらえるようにする。そしてうまくカウンター越しの大将も巻き込んで、その場の雰囲気をさらに和やかにする。

つまり、**仕事で成功できる人は多くを語らずに、相手の心をやわらかくもみほぐすことに神経を注いでいます。**間近でそんな様子をたくさん見てきた私も、いつしか一流ビジネスマンの片腕のように、タイミングをみてサポートにまわることができるようになっていますし、一流ビジネスマンご自身もうまく私に頼ってくださっているわけです。

デキる人ほど短時間勝負

くつろいだ時間を一緒に過ごしながらも、決してダラダラしないのが成功している人たちの共通点。**デキる人ほど、短時間で勝負を決めていく**という印象があります。

まずは鮨を楽しみながら、仕事の話は抜きで釣りやゴルフといった趣味の話、うまい店の話などでお互いリラックスします。そこに、私のような鮨屋の大将が加わることもあるわけですが、あくまでも和やかに。

ビジネス面を考えれば、決裁権があるような重要なポジションにある2人が会うわけですから、おそらく商談の最終段階です。そこまでにある程度の時間をかけていて、関係性も深まっている頃。

きっと、**ビジネスにおいて関係性をつくることを正しく重要視できる人たち**でしょう。だからこそ成功しているのだと思います。商談の最終段階には、ちょうどお互いのキャラクターなども見えてきて、鮨屋で和やかに話ができるようになっているのです。

だからといって、友だちとも違う。親しげな雰囲気を保ちながら、ビジネスを意識することは決して忘れていないはずです。だから、ダラダラすることはない。どんなに長くても2時間。2時間以内に席を立つケースがほとんどだと思います。

その決して長くない時間の中で、話が十分にはずんでから、まるでついでか何かのようにビジネスの話を付け足しているようです。

もちろん、相手もそのタイミングでビジネスの話が来ることはわかっている。だからこそ、結果はどうであれビジネスの話もダラダラと長引くことはない。

そんなふうに、ビジネス会食とはいえプライベートで楽しむ空間をまずつくり、そこにビジネスをはさみ込めるスマートさがあるのが成功者なのだといつも感じます。

つまり、**（ビジネス会食＋プライベート）÷2で鮨屋を利用されている**わけです。

私はビジネスの話にはもちろん加わりませんし、詮索することもありません。

ただ、お得意さまが次に来店された時に、「この間はありがとう。うまくいったよ」とおっしゃってくれることが多いので、**鮨屋で最後のひと押しをする商談は、ほぼほぼうまくいく**ものだと思っています。

「良い」と判断すればひいきにしてくださる

お得意さまのビジネスの成功に、少しでもお役に立てる場になれることは、私たち鮨屋にとっても大きな喜びです。

さらにうれしいのは、お得意さまが連れて来られたお客さまから、「次、また来てもいいかな」「自分もこの店にお客さまをお連れしたいんだけど」と、声をかけていただけることが多いこと。

決して長くない時間ですが、カウンター越しに空間を共有することで、この店が商談に使うのに信頼できるのかどうかを判断されているのだと思います。そしてこちらも、**お客さまが店を使いたいシチュエーションを即座に理解しているる**と自負しています。

お客さまと鮨屋という関係で、おこがましいかもしれませんが、わかり合える。ありがたいことに、そういうお得意さまたちにごひいきにしていただけるからこそ、こちらも利用していただくにふさわしい店であろうと気を引き締める毎日です。

成功者の鮨屋でのふるまいから見えてくる本質的な価値観

ガツガツしない余裕がある

鮨屋を使って商談をする時に、いっさいガツガツしたところを見せない。それが、**成功する人たちの共通点**です。

だから、彼らの鮨屋の使い方は「(ビジネス会食+プライベート)÷2」ではあるのですが、ビジネス会食とプライベートの割合が、2:8くらいかもしれません。そうすると、2で割ったとしてもプライベートの割合がやはり高くなります。

もちろん、鮨屋を商談の場として使ってくださるお客さまもさまざまなので、すべての人がビジネスの話を最後の方にさりげなく滑り込ませることができるわけではありません。時おり、自分はまったく鮨に手を付けることなく、仕事の話に夢中になってしまっている人を見かけることもあります。

しかしそういう場合には、商談相手の人は楽しそうではありません。せっかく鮨屋に来てカウンターに腰を下ろしたのに、もう仕事の話か。内心は、そんな気分になっているのではないでしょうか。

営業スタイルがよくわかる例としては、少し前の製薬会社のＭＲの方々が思い浮かびます。最近は時代が変わったのか、あまり見なくなりましたが、以前はＭＲの方々が営業相手である医師を連れて来られることが多く、よく目にしていました。

鮨屋でのふるまいで、私にはそれぞれのＭＲがどう評価されるかがよくわかったものです。

まず、**食べることよりも仕事の話が気になってしまうタイプ。**必死さが目立ち、医師の方から「まあまあ、まず食べようよ」とたしなめられることもあります。

どんな業界にも苦労はあると思いますが、今も昔も医薬品の営業は熾烈を極めます。MRが自分の成績のために必死になっていたのは、ある意味では当然のこと。それでも、その必死さが見えてしまうとどうでしょうか。

営業を受ける医師の方の「まあまあ、まず食べようよ」という言葉に、ポジティブな要素はあまり感じられません。

一方で、「先生、まずはうまい鮨を食べてください。この店、好きなんですよ。ぜひ先生にも食べていただきたくて」と食べる楽しみを提供し、酒をすすめるのも上手なMR。鮨や酒についての話題は、うまくこちらに頼ってくれて、**仕事よりも先に食べさせ、飲ませて、いい気分になってもらうことを優先するタイプ**の人もいました。

それも、「気分を良くさせれば、仕事がうまくいくだろう」といった下心のようなものはいっさい感じさせず、食べる時には自分自身も心から一緒に楽しむ。そこが重要です。

自分が楽しんでこそ、相手も楽しめる。それをよくわかっていて、仕事の話で水を差すようなことはしません。かえって医師の方から「あの薬の話をしたいんじゃないの？」と話題を向けられるようなことも。

そこまで待てる余裕があるのです。そして、酒を飲んだとしても決して酔うことはありません。

そういうデキる人は、あっという間に出世していくイメージがありました。そして、サラリーマンとしてはかなり成功したと言える地位や役職を手に入れるわけです。

人生の中心には仕事だけでなくプライベートもある

なぜ余裕があるのか。

それは、鮨屋で商談をする時に限らず、常に仕事第一であくせくすることがないからだと思います。

スマートにうまく仕事をすすめる人は、もちろん仕事に全力を尽くすことは前提ですが、仕事以外の自分の世界を持っている人が多いです。つまり、**自分の人生において、仕事もプライベートもバランスよく力を入れている**のだと思います。

多趣味で、仕事関係に限らずいろいろな人と交流を持っていて、いろいろな場所へ足を運び、いろいろなものを食べている。つまり、経験が豊富なのです。

だから、自分のお客さまと鮨屋のカウンターで肩を並べた時に、**相手に合わせてさまざまな会話の引き出しを持っています。**どんな相手とでも話がはずみ、押しの強さを感じさせないのに必要な話はキッチリとする。

仕事ができる人に限って、仕事に人生を捧げているわけではないと感じます。

もちろん、仕事への取り組みは熱心です。それでも、あくまでも自分が主導して仕事をし、プライベートにもバランスよく心を向けているのです。決して、仕事に主導権を渡して振り回され、自分を失うことがありません。

そういう人は、結果的に視野も広くなるので、人として付き合った場合にもおもしろい。


接待される側は、たとえばMRの営業相手が医師であるように、より成功者であることが多いもの。**すでに成功している人は、相手が自分の側の人間なのか、そうでないのかを敏感に感じ取ります。**

だから、余裕があり仕事にばかり汲々としていない余裕を感じる相手には、心を許す。結果的にそれが、商談成立に結びつきもしますよね。

逆に、自分の側の人間ではないとか、違う価値観で生きていると思われれば、仕事においてもなかなか共感し合えないためにいい結果を得にくいのかもしれません。

握りたての鮨をすぐに口に入れる

鮨を握る職人として当然のことですが、お客さまに最適な状態でお出しすることを心がけています。

あまり人に聞かれたくない話をされる政界、財界、インフラ関係のお客さまは個室で召し上がりますが、個室にお出しする際には箸で食べていただくのを前提に、箸ではさんでもくずれないよう固めに握るのが鉄則です。

しかし、一般的に1対1で来店をされるお客さまは、カウンターで召し上がります。

やはり、鮨はカウンターで食べるのが一番うまい。私の店では特に、口に入れたらほろりと口の中でほどけるような鮨を考えていて、崩れてもいいほどやわらかく握ります。

デキるビジネスマンは、こちらの意図もわかってくれていて、鮨を出されたらすぐに口に入れてくださいます。鮨も生きているので、いつまでも皿の上に置かれたままではどんどん鮨本来のよさを失い、うまくなくなってしまうことも十分理解されているのです。

カウンターで、握りたての鮨を味わえるからこその鮨屋です。なかなか口に運ばないのなら、鮨屋で接待する意味がありません。

鮨屋に慣れているからこそ、接待でお客さまを連れて来られる。同様に、おそらく高級な鮨屋に慣れているであろう接待相手の方も、スマートにエスコートされることで安心感を得ているはずです。

いくら商談の場でも、せっかくのうまい鮨を食べられるなら、うまいうちに味わう。その共通の価値観がある人たちだからこそ、仕事もうまくいくのだと感じています。

自己肯定感が高くプライドがあっても自意識過剰にはならない

余裕があって誰とでも親しみやすい会話を楽しめる成功者は、同時に相手を立てるのが抜群にうまいです。

約束の時間よりも早めに店に来て待ち、接待相手が来たら店の入り口まで出迎え、当然、土産も用意しておく。商談をまとめるためにお客さまを迎えるのであれば当たり前のことで、特別なことは何もしていません。

ただ、こういった相手を立てる行動が身についていない人は、どこかやり過ぎ感が出て、逆に相手に気を遣わせてしまいます。

相手を立てながらも、それを仕事のためのタスクとしてではなく、**自分がやりたいからやっていると思わせるようなふるまいができるのが、デキるビジネスマン**です。

そして、料理や酒については自分でリードしながらも、決して知ったかぶりはしません。必要に応じて、こちらに任せてくださる余裕があります。私たちもプロとして鮨や酒をお出ししているわけなので、ご相談いただければその場に応じた最高のものを提案し、ご提供するために張り切ります。

おそらく、成功していくビジネスマンというのは、自己肯定感が高くプライドはあるとしても、自意識過剰にはならず、自分を客観視できる人なのではないでしょうか。

だから相手を立てるふるまいには卑屈さがなく自然で、鮨屋にサポートしてもらった方がいいところでは、躊躇なく相談できる。

成功するのは、やはり人間的な魅力によるところが大きいのだと日々実感させられます。

成功するビジネスマンとそうでないビジネスマンの違いは、鮨屋でのふるまいですぐにわかり、それぞれの持っている本質的な価値観の違いもまた、一目瞭然です。

店選びは「自己表現」

心地よさや共感を覚える店の個性は自分の個性とも重なる

どんな店が好きなのか。どんな店を選ぶのか。それだけで、その人がどんな人なのか想像がつくと思いませんか。

店選びは自己表現だと、私は思っています。

飲食店にはそれぞれ個性があります。供される料理の味や盛り付け、食器選び、そろえておく酒などはもちろんのこと、しつらえやスタッフのふるまい、店の場所などすべて、目指す方向性があって決められているものです。

だから、チェーン店でなければ同じ個性の店はなく、「この店が好き」というのは**その店の個性に心地よさや共感を覚えているということであり、好きだという人の個性とも重なるはず**なのです。

そうすると、「ここが私の好きな店です」と人を連れて来る場合、それは**相手の人に対して自分自身を表現していること**にもなりますよね。店を見てもらい、料理を味わってもらうことでその店の個性を感じてもらうと、それを好きな自分の個性を伝えることになるわけですから。

成功していく人はうまく自分を表現し、相手に見せていくことが上手です。

まさにセンスが問われるところですが、そのセンスは「おしゃれでなくてはいけない」とか「高級であるほどいい」「今の流行をとらえている店がいい」といったこととは違います。

それこそ好みはそれぞれだと思いますが、自分の好みという大枠の中で、たくさんのストックを持っていて使い分けているはずです。

つまり、まずは自分を表現できるような店であるという前提で、接待する相手に合わせたチョイスをできるだけの数をそろえておくということ。

鮨屋の中でも、格式ばった高級店が好きな接待相手もいれば、もっと気軽に好きな鮨を選べる少しカジュアルな店が好きな人もいる。同様に、イタリアンやフレンチなど、違うジャンルの店も幅のある店選びをできるようにしてあるでしょう。

自己表現しながらも、自分の好みだけでゴリ押しせずに、相手のことを考えられる人が勝ち組になります。

そんな店選びができる一流の人は、自分の足で店を探しているもの。私の店にも、まず一人で鮨を味わってから「次は人を連れて来てもいいかな」と名刺を置いていってくださる方がよくいらっしゃいます。

ビジネスに予習は欠かせないということです。

店のこだわりを理解してくれるのはこだわりの強いお客さま

では、私の店を気に入ってくださるのはどんなお客さまなのかといえば、もちろん鮨が好きだということに加えて、こだわりが強い方々だと思います。

私自身がかなりこだわる方で、細かいところまで手をかけているのですが、それをお客さまにわざわざお伝えしているわけではありません。それでも、ご自身もこだわるタイプの方には、自然と伝わるようです。

よく、「ちょっとシャリが違うね」と言われます。

はじめは「そう感じますか？」と軽く受けるのですが、それでも「うん、違うでしょ。他の店のシャリとは違う何かを感じる」とさらに突っ込まれたら、私の米へのこだわりをお話しします。

使っているのは、北海道最上級ブランド米の「ゆめぴりか」ですが、同じゆめぴりかでも産地によって特性が違うのです。

新米がおいしいのは、ニセコに近い蘭越《らんこし》町で穫れるゆめぴりか。古米になっても劣化しにくいのは、旭川方面の雨竜《うりゅう》郡で穫れるゆめぴりか。

私はこの2種をブレンドして使うのですが、ブレンドの割合を年に4回変えながら、極力米の質感を均一に保つように工夫しています。

また、炊き方にもこだわりがあります。

実は、**米はあまり冷たい水に浸さない方が科学的にはいい**のです。そこできれいに洗米したら、お湯に浸しておきます。お湯の温度も、研究したうえで厳格に決めています。

そして炊く時には冷たい天然水を入れて、羽釜で一気に炊き上げます。炊き上がった米は、粒が立って甘みも抜群。

そのこだわりの米を、さらに私が目指すシャリに完成させるためにも、かなり試行錯誤をくり返してきました。


まずは、お酢をどうするか。赤酢をメインにブレンドした酢を使うか、米酢だけを使うかの違いで、でき上がる鮨も大きく違ってきます。私が学んだのは江戸前鮨ですから、江戸前鮨の伝統の赤酢をメインにブレンドして使います。しかし、扱いは難しいです。

さらに、米本来の甘みを引き立てるために、砂糖を使用しません。でも、保湿効果のある砂糖を使わないとなると、シャリの劣化が早まってしまいます。その中で、いかにいい状態のシャリをつくり上げるのか。

厨房の裏でのこんな苦労と工夫は、普通はお客さまにはわからないものです。しかし**不思議なもので、こだわりの強い人は何かを感じ取ります。**そして、聞いてくださるわけです。

うまいシャリづくりのための秘訣は、誰にでも詳しくお伝えすることはできません。また、お話しするとしてもすぐに全部話すことはしません。これも商売人としての私の駆け引きで、本当に興味をもってくださったお客さまにだけお話しすることにしています。

私の店をひいきにしてくださるようなお客さまは、こうした駆け引きも楽しむタイプの方が多いです。

こだわりの強さも一流の人々の特性

普通は気付きもしないような細かいこだわりに気付いてくださるお客さまは、ご自身もこだわりが強いのはもちろんのこと、よく見てよく気付くことができる人。それがすなわち、一流ということなのだと感じます。

鮨屋の話をさせていただくと、**「魚と米の調和の追求」**こそが自分たちの仕事であり、魚と米とのどちらに重きを置くのかを考えながら、どんな鮨を完成させたいのかを考えるのに長い時間を要します。

その考えによって、シャリをベースにして鮨を考えるタイプと、ネタをベースにして鮨を考えるタイプの2つに分かれます。私は米と炊き方にこだわり、シャリとして完成させるまでこだわるので、シャリをベースにして考える方です。

シャリをベースとした場合には、シャリに合うネタづくりをしなくてはなりません。個性の強いシャリの場合、ネタもそれに負けない個性が必要となってきます。

ネタをベースにするのなら、シャリはネタの邪魔にならないよう、酢の酸味の個性が立っていないそつなく軽いシャリであることが大事になると思います。

米の話と同様、こんな話もよもやま話のひとつとしてお話しすると、お客さまたちにとても喜ばれます。

結局、私の店にはこだわりの強い人たちが集まり、しかも成功者になっている、あるいは成功者への道を進んでいるのです。やはり、**こだわりの強さも一流の人々の特性である**と思わずにはいられません。

第2章

ビジネスで成功する人の特徴

前章では一流ビジネスマンの鮨屋での様子をお伝えしました。

本章ではもう少し具体的に踏み込んで、一流ビジネスマンでより成功をつかんでいく人たちにどんな特徴があるのか、私なりに感じていることを語っていきます。

成功者はどんな身なりで鮨屋にやって来るのか

清潔感があるのは当たり前

仕事で成功する人の身なりで共通しているのは、当たり前のことですが、清潔感があること。これは、絶対です。

必ずしもスーツとは限りません。接待する相手によって、ビシッとスーツで決める場合も、ジャケットを羽織る程度のカジュアルな服で来店される場合もありますが、あらゆるシーンにおいて清潔感がなくてはなりません。

どんなに高級な服を着ていようと、汚れが目についていたりしわが寄っていたりしている人を見たらどう思いますか。多少なりとも幻滅しますし、それなら高級な服でなくても、清潔できちんとアイロンがけされた手入れの行き届いた服を着ている方が、ずっと好感が持てるはずです。

さらに服だけでなく、靴もきちんと磨かれています。革靴の縫い目から糸がほつれていることもないし、かかとが妙にすり減っていることも、型崩れしていることもありません。

身に着けるものだけでなく、自分自身を清潔に保つことも当たり前。

髪も短髪だけがいいとは限りませんが、洗髪して手入れしていることは大前提だし、爪があまり伸びないうちに切りそろえ、体臭にも気を遣う人たちがほとんどだと思います。

やはりスーツがビジネスマンの戦闘服

今はビジネスの場でも堅苦しいスーツばかりではなく、カジュアルな服装でいるビジネスマンも増えてきました。私の店にも、流行を取り入れた軽やかなセットアップを着こなすお客さまもいらっしゃいます。

また、昼間に一緒にゴルフをやってから夜は鮨屋で接待をするというような時には、もちろんかなりラフな格好で来られます。

カジュアルでも、**清潔感さえあってパリッと着こなせていれば、好感や信頼感はしっかり確保される**ので何も問題はありません。

ただ、やはり最強なのはスーツです。スーツはいわば、ビジネスマンの戦闘服。商談の時には、スーツを着ることで気を引き締め、やる気をみなぎらせる人も多いのではないでしょうか。

自分の商談相手に対して印象を悪くしないということを考えると、スーツに

勝るものはありません。

そして、デキる人はやはり吊るしのスーツは着ていません。サイズが合っていないとシルエットが美しくなりませんから、オーダーで仕立てます。ジャストサイズに仕上げてもらえるだけでなく、オーダーの方が良い生地もそろっているので、しなやかでしわになりにくいスーツになります。

時代は変わって、スーツにこだわらない世の中になっています。でも、ビジネスシーンはまだ保守的な部分があるように感じます。時代の先端を行くＩＴ業界でも、ここぞという商談ではきちんとスーツを着て勝負をすることが多いです。

もしかすると、スタートアップ企業を立ち上げた若い経営者などはラフな身なりで自己表現している人もいるかもしれませんが、私の店ではあまり見かけません。

無難でありながら、その着こなしにはちゃんと個性が出る。ビジネスの戦闘服としてはまだ他の服装の追随を許さない。それがスーツなのだと思います。

トータルコーディネートを心がけて自分のスタイルを確立する

人の姿をパッと目にした時に、どこか一点に注目するよりも、その人の全体像を見ますよね。ですから、一流ビジネスマンは個々のアイテムにこだわるよりも、全身の雰囲気に気を遣っているように見えます。

仕事ができる人がみんな、ファッションセンスがいいわけではないはず。でも、たとえセンスに自信がなくても、トータルコーディネートが大事であることはよく理解されているのではないでしょうか。だから、もし自分でコーディネートができない場合でも、ご家族に頼るか、あるいはセレクトショップでそろえてトータルな着こなしを実現しています。

私も利用するのですが、ビジネスマンに信頼されるセレクトショップがあって、行くと何でもそろえてくれます。仕立てのスーツ、シャツ、ネクタイ、ベルト、靴と全部選んでもらえるわけです。プロの目によるセレクトなので安心ですし、自分の希望を伝えればそれに沿ったコーディネートをしてくれます。

ここで大事なのは、**言われるがままに着せ替え人形になることではなく、自分なりのスタイルを確立する**ことです。

プライム企業で地位のある人や経営者など、店に来る一流の人たちは、いつも同じような服装をしていることが多いです。何度かお会いするうちに、「○○さんといえば、黒スーツに紺のネクタイ」のように、その人のスタイルのイメージが定まってきます。

おそらく、ビジネスマンである自分として、「このスタイルが一番いい」と思う服装でいつも勝負されているのだと思います。

いろいろなスーツをたくさん着こなすよりも、「これ」と決めた上質なスーツやシャツを、まったく同じ色、同じデザインで数着そろえておいて着まわしているのです。

靴も同様に、同じ靴を2足買って交代で履いています。靴を毎日履き続けるとすぐに傷みますが、日替わりで休ませると5、6年は持つということもありますし、スーツに合わせた靴としてあまり変えたくないというところだと思います。

いつも同じ服装をするというと、スティーブ・ジョブズがイッセイミヤケの黒いタートルネックにジーンズだったという逸話を思い出します。彼は服選びに悩まされずに生産性を上げるために毎日同じ服装をしていたということですが、それだけではなく**トレードマークとしての役割も大きく果たしていました。**

ビジネスマンとして、ぶれないイメージがパッと浮かぶということは、結構重要なことなのかもしれません。

いつも接待で店を使ってくださる方が、ある時プライベートで来店してくださいました。いつも同じ仕立ての良い紺のスーツを着ておられるのですが、その時は紺ではなく明るい色味のカジュアルな服装をしておられたので、いつも紺を好むというわけではなさそうです。あくまでも、戦闘着としての紺のスーツなのでしょう。

また、いつもブラックスーツで接待をされているお客さまに、「もう春になって暖かくなってきましたけれど、やはりスーツはブラックですか？」と伺ったところ、「春でも夏でも、ビジネスではブラックがいいんだ」と返ってきました。その方にとって、ブラックスーツがビジネスマンとしての自分を表現するためには最適だということです。

高価過ぎるものは持たない

仕事である程度成功をしていて、自由にいろいろな買い物ができる人にとっては、時計やカバンなどを見ればその値段がわかってしまいます。だから、接待の場では高価すぎるものは身に着けない、持たないという人がほとんどです。たとえパテックフィリップの時計が好きでプライベートでは使っていても、仕事の場ならアップルウォッチをしていることもあります。経営者でも、200万を超える時計をはめて接待することはありません。

財布やカバンにしても、ロゴでハイブランドだとすぐわかるようなものは持ちません。決して安っぽくはなく、質の良い革製品などを選びますが、ブランドが前面に出るものは避けます。

身に着けるものではありませんが、会社員の場合はクレジットカードにも気を遣っているのがわかります。保険の営業マンなどかなりの収入がある方でも、プラチナカードは持ちません。せいぜいゴールドまで。

逆に接待される側で医師や士業の方、代々の経営者一族などは、自分で稼いできたプライドを持ち物で表現している人も少なくありません。つまり、ひと目で高価だとわかるものを身に着けたり持っていたりします。

成功過程にある一流サラリーマンと、経営者や専門職で成功している人。**立場が違えば、持ち物の選び方も使い方も違う**のがおもしろいところです。

成功者は鮨屋でどんな接待をするのか

鮨が好きな者同士だから鮨屋をよくわかっている

当然のことながら、**接待する側が先にお店に来て待っています。**この基本中の基本ができていない一流ビジネスマンはいません。最低でも10分前には店に着いて、席に着いてお客さまを待ちます。

相手がいらしたら、玄関まで出迎えることもめずらしくありません。

やはり、最初はビールでグラスを合わせることが多いです。そこからありきたりの世間話をはじめて、場をほぐします。

接待場所に鮨屋を選んでいるということは、その人自身が鮨好きで鮨屋の常連であるのはもちろんのこと、接待相手も鮨が好きであるという前提があるはずです。だから、鮨屋に慣れている者同士でうまい鮨をつまみます。

鮨を食べる時のマナーとして「3秒ルール」ということが言われていますが、このマナーについてもよくわかっている。つまり、鮨が置かれてから3秒以内に食べるということですが、これは空気を含んだシャリがネタの圧で沈み込むまでがだいたい3秒だからです。

私自身は「3秒以内に食べてください」なんて言いませんし、そこまでお客さまに求めてはいません。でも、お客さまの方でよくわかってくださっているので、みなさん置かれた鮨はすぐに召し上がります。

そうやって鮨を楽しみながらも、接待相手の様子はしっかり気にかけていて、おいしそうに楽しんでいるのか、はじめての店で居心地はどうか、といったことはしっかり頭にインプットしています。決してただ飲み食いするためだけに来ているわけではないのですから。

自分が酔わないのは当たり前

いくらプライベートのような雰囲気で場を和ませるといっても、酒はほどほど。酔っぱらったら話になりません。

接待相手がお酒好きなケースも多いですが、だからといって調子よくどんどん飲ませて酔わせてしまうということもありません。鮨屋はやはり、食べることがメインの店。料理を楽しむ酒の適量というものがあります。

最初にビールで乾杯をしたら、鮨に合う日本酒を2、3杯くらい、そして軽いハイボールで締める程度で終わるケースが多いように思います。

基本的にお客さまへのお土産が用意されていて、それをこちらで預かっているることも多いですが、相手にご家族がいらっしゃる場合には「ご家族へのお土産にばらちらし1人前お願いします」と鮨のお土産を頼まれることもあります。

そこでお開きという場合には、あらかじめタクシーの手配。お会計は、トイレに立ったついでにクレジットカードを渡されることが多いです。

接待相手がお酒好きで、次はワインだ日本酒だ、となったら、また別のお店に流れていかれます。

成功者はカウンターでどんな会話をするのか

心をほどく会話にはタブーもあり

まずは仕事の話は置いておいて和やかに会話をし、最後の方でスルリと商談をまとめてしまう。それが一流ビジネスマンの会話のテクニックでした。

しかし、もともと友人同士でもない2人が、和やかに会話をするにはどんなことを話題にするのでしょうか。プライベートのたわいない話ですが、あまり突っ込んだことは話しません。地雷を踏んではいけないからです。

よく政治、野球、宗教の話はタブーだと言いますが、鮨屋での商談でも同じです。このあたりの話題には、**どこに地雷が潜んでいるかわからないので、はじめから話さない方が無難**です。

もし接待相手が野球好きで巨人ファンだとか、明らかにわかっているのであればそれを話題にできますが、そうでない場合は避けるのが無難です。

それから、家族の話は極力しません。**地位のある人は家族問題を抱えているケースが多い**です。

たとえば外科の医師などは、社会的にも立派な仕事だと認められていて高収入も得られるでしょうが、それだけ拘束時間が長くストレスも半端ではないので、家庭が円満でないこともめずらしくないと聞きます。

だからMRが医師を接待する時には、かなり神経を使って家族問題には触れないようにしているはずです。

これまで、カウンター越しに家族や女性関係の話で地雷を踏んでしまったビジネスマンの姿も、まあまあ見てきました。しかし、デキる人はそんな失敗はしません。

結局、ゴルフや釣りの話が無難でわかりやすいということになります。ただ、タブーに気を遣って無難な方向にばかり話題の舵を切っていると、表面的な話に終始してしまう危険性もあるのです。結局、話に中身がなくつまらない、と思われてしまうかもしれません。

実は、デキるビジネスマンが接待の場に鮨屋を選ぶ大きな理由がそこにあります。

鮨屋なら話を大将に丸投げできる

鮨屋なら、話題を鮨にもっていけるのです。カウンターの向こうの大将に声をかけて話題に引き込むと、そつなく鮨屋らしい話ができるのは私たちの強みだと思っています。シャリの話やネタとなる魚の話だけでなく、どこの鮨屋がうまいかなど、話の幅も広がります。

これが、ビジネスマンにとっては安心につながります。鮨屋も心得ているので、もちろんタブーな話題は出しません。鮨好きのお客さまに対して、鮨の話ならいくらでもできます。

また私であれば、鮨の話だけでなく資産運用や税金の話など、一般的なビジネスの話題にもある程度はついていけますから、一般論としてのビジネス談議になら、僭越ながら加わることもできます。

少し話が込み入ってきてわかりにくくなると、明らかにお客さま2人の話が噛み合わないと感じることもあって、そんな時には「すみません、ちょっと教えていただきたいんですが」「そのお話の意味について、申し訳ないんですけれどご説明いただいていいですか?」と、自分がわからない体で質問し、お2人の話をすり合わせることもします。

いろいろな鮨屋のタイプがあると思いますので、デキるビジネスマンは、「自分の会話をサポートしてくれるのはあの店」と接待で頼れる店を決めているのではないでしょうか。そうすれば、会話のはじめに雰囲気づくりをしたらあとは大将に丸投げし、自分はそこに相槌をはさみ込みながら脇から会話を盛り上げ、食事の最終段階で肝心のビジネスの話を切り出せばいいわけです。

もちろん、ご自身で話すのが好きで得意だという方もいます。それなら、黙々と鮨を握ってくれる店もいい。鮨を握る様子をエンターテイメント化している店もあるので、お客さまのお好みによってはそうした店でもいいですね。

どんなお客さまにどんな店がマッチし、自分にとっても接待しやすさがあるのかということをわかって、使い分けることができる人が一流なのです。

名だたる経営者が鮨屋を育てる

鮨屋にもそれぞれ個性があります。その中で、私の店には仕事ができて余裕のあるお客さまがたくさん来てくださるわけですが、その理由のひとつに、**ビジネス談議をしやすい**ということがあるのかもしれないと思います。

修業時代から、ありがたいことにカウンター越しに一流のお客さまと触れ合う機会が多々ありました。自分の店を出す前に雇われ職人だった頃、現場を引退する親方の大切なお客さまを引き継いだことがあり、その時はまだ若いなりにも無我夢中で一流の方々と鮨を通して交流しました。

特にファーストリテイリング創業者の柳井正氏やエノテカ創業者の廣瀬恭久氏などの名だたる経営者の方々は、経営における難しい話をわかりやすくしてくださって、非常に勉強になったものです。

今に至るまで、そうした積み重ねが私の知識を増やしてくれて、一流のビジネスマンのみなさんともしっかり話ができるようになりました。

学生時代に学んだ教科書ではわからない話や、ただ新聞を読んでいるだけでは実感できない話など、みなさんの生の声はとても興味深くて示唆《しさ》に富んでいたと思います。

前章で「店選びは自己表現」という話をしましたが、接待で鮨屋を使うお客さまは、カウンター越しにどんな会話ができるのかというところまで考えているのではないでしょうか。

私もこちらから積極的に話すことはなくとも、求められている役割を読み取ってサポートできるようにします。やはり、せっかくいらしたお客さまには「おいしかった」と同時に「楽しかった」と満足して帰っていただきたいですから。

鮨屋はそんな場所だからこそ、一流のみなさんには安心して接待やコミュニケーションの場に使っていただきたいです。

成功者は鮨屋でどんな人脈形成やコミュニケーションをするのか

人間は似た属性の者同士で集まる

一流のお客さまが集まる鮨屋では、一流の人同士が出会って新たな人脈ができそうな気もしますが、そういうことは滅多にありません。成功者にとって人脈づくりが大事だということはよく言われますが、実際に見ていると、**本当の成功者は自ら人脈づくりのために頑張るようなことはしていません。**

狙ったわけでもないのにいい出会いがあり、ご縁がつながっていくのが本当の一流の人たちのように思えます。

だから、鮨屋で人脈が生まれるということはほとんどないけれど、ではどういう場で人脈がつくられていくのかといえば、それは**同じ属性の人たちで集ま**

るコミュニティです。

たとえば地方銀行の支店長たちが集まる懇談会や、旅館やホテルの経営者が集まる全国旅館ホテル生活衛生同業組合連合会のように、同じ業界の中のトップや重要なポジションにある人たちの集まり。

あるいは、フェラーリのオーナーが集まるフェラーリ・オーナーズクラブや、ポルシェのオーナーが集まるポルシェ・クラブ・ジャパンのように、趣味の世界。

また、社会奉仕団体のライオンズクラブやロータリークラブもあります。

業界での集まりは、成功していくためにはまさに必要な人脈づくりになるでしょうし、社会奉仕団体は成功者として期待される社会的意義のある活動ができます。それぞれ意味はありますが、**楽しいうえに人脈づくりというおまけが付いてくる可能性があるのは、趣味の集まり**です。

例に挙げたフェラーリやポルシェのオーナーズクラブの場合は、正規ディーラーでその車を購入すればメンバーや仲間になることができます。各分野のトップになる必要はないし、入会のために推薦者や承認も特に必要ありません。比較的、入会が容易と言えるでしょう。

しかも、ただメンバーになるというよりも、仲間が増えるといった感覚になれるので楽しいです。

中には車が好きでなくても、投資目的で所有する人もいます。さまざまな人がいるという意味で、おもしろいですね。

カジュアルな雰囲気で仲が深まる

鮨屋で交流が生まれることはあまりなくても、こうした集まりの会食で鮨屋を使っていただくことはよくあります。

パーティー会場ではなく鮨屋ですから、メンバー全員が顔をそろえるオフィシャルな集まりというよりも、数人の希望者の集まりが多いです。たとえばフェラーリ・オーナーズクラブで、「鮨屋のカウンター貸し切りで集まります。限定8名！」のような告知がされると、すぐに定員が埋まるというように。

私の店でも、そうした会食は少なくありません。カウンターは大人数にはそぐわないイメージですが、貸し切りにすると少し大きな声を出しても大丈夫なので、自由に楽しめます。

やはり、鮨はカウンターでつまむのがいいとよくわかっている方々です。時には私も会話に参加し、商談の時とはまったくちがう気の置けない雰囲気でメンバー間の仲も深まるようです。

接待の時はどんなに和やかな空気になっても、プライベートの気安さはありません。趣味の集まりならではのカジュアルな交流が、結果的に人脈づくりになるのだと思います。

メンバーは経営者や医師などが多いため、プライベートであってもおのずとそれぞれの仕事の話も出て、「今度、一緒にやろう！」とその場で新しいビジネスの可能性が生まれたり、「サポートが必要なら連絡してくださいね」と声をかけ合ったりするのを見かけます。

接待で商談をまとめるケースも、**プライベートな集まりで仲を深めて結果的にビジネスにつながる**ケースも、鮨屋ではよくあります。

第3章

ロールモデルとなる鮨屋の経営学

鮨屋を使いこなす一流ビジネスマンが、次に目指すステージ。それは、自分の裁量でマネジメントをする立場になること。

今、自分が鮨屋を経営する立場として、また一流の経営者の方々と触れ合ってきた経験がある者として、確立してきた経営学があります。それを共有することで、ネクストステージを目指すみなさんの一助になれるかもしれません。

メニューにはじまりメニューに終わる

目標に対してのアプローチが大事

どんな仕事でも同じだと思いますが、「何をやりたいのか」を明確にしてそこに向かっていくことが何より重要です。その仕事をするにあたってのフォーマットというものがあるので、それをきっちり決めていく。

飲食店の場合は、そのフォーマットはメニューです。**どんな店づくりをした**

いのか、どんなお客さまを集めたいのか、何を特徴にしたいのか。そういうコンセプトをメニューで表現していきます。

単純に、「このメニューなら儲かりそう」とか「こんなメニューではコストがかかり過ぎるからダメ」というのではなくて、まず何をやりたいのかという思いをメニューに込めることが大事です。

そのメニューをもとに必要な厨房設備や食器のテイスト、食器の数、単価、動員人数、備品数などすべてが決まっていきます。もしそれがなければ、方向が定まらない中途半端な店づくりになってしまうということです。

だから、メニューは飲食店の芯になり、それがお客さまに伝わるようにしないと、リピートしていただける店にはなりません。結果的に、客層・売上・利益すべてを左右することになるのです。

いい店には、「この店のコレを食べたい」「この季節になったらあの店のアレだ！」というメニューが必ずあります。私も、多様化している鮨屋の中で自分の店の売りを追求すべくメニューを考えています。

つまり、**飲食店は「メニューにはじまりメニューに終わる」**。そのメニューありきで、必要な技術と必要なサービスが付いてくるものだと思っています。

みなさんの仕事にとって、私たちのメニューのようなフォーマットは何ですか？　**やりたいことにアプローチするために、そこをまずどんなふうに固めていくのかが成功のカギ**になります。

売りの追求

では、私はどんなふうに売りを追求していったのか。

札幌の店では、徹底的に地元の素材にこだわろうと決めて、北海道の魚を洗い出すことからスタートしました。実は世に出ていない、消費者のみなさんに知られていない魚もたくさんあるので、めずらしいものをおいしく食べていただきたいという考えでした。

具体的には、たとえば北海道東部の深海で水揚げされるカラスハモ（イラコアナゴ）。顔はハモに似ていながらアナゴの仲間で、カラスのように体が真っ黒な魚です。

かば焼きなどで食べられることが多いですが、いろいろと試した中で、一夜干しにしてみると非常に美味でした。

また、水分が多くて手で裂けるほどやわらかく、皮もむけやすいために流通しにくいドスイカ。まさに、産地近くでしか食べられないイカです。ぬめりがあって加熱しても硬くならない特徴を生かして、揚げ物にするとおいしいことがわかりました。

カラスハモもドスイカも、自信をもってお出しできるメニューでしたが、めずらしくておいしいということに気付いた産地が買い占めてふるさと納税の返礼品にするなど、需要がふくらんでしまったのです。そのため、残念ながらうちの店では仕入れることができなくなってしまいました。

100％北海道の地物の魚を使うのが、私が札幌の店でやりたいこと。そこにアプローチするためのメニューづくりを考えたわけです。

ただ、素材の仕入れはいろいろな条件で左右されることが多く、結果的にカラスハモやドスイカのように仕入れられなくなることもあります。しかし、そうした不都合があったからといって、北海道の素材にこだわらなくてもいいとは思いません。

やはり、自分のやりたいことは守ってこそ地に足のついた経営ができるはずです。そうしたこだわりの中から、ヒットメニューが生まれました。**あわびの肝鮨**です。

実は、あわびの肝をソースにして鮨に絡めてみたいと、開業前から考えていました。

あわびの握りは、そもそもそれほど私にとってはおいしいものではありませんでした。生で出しても、炊いても蒸しても、シャリとの一体感がなくバラバラな気がするのです。

私の理想は、食べた時にネタとシャリが口の中でほぐれ、絶妙に混ざり合う鮨。あわびは、この理想には届かないネタでした。

それなら、肝をソースにしてシャリと混ぜたらいいのでは。そう考えたものの、簡単にはできませんでした。状態の良い肝でなければ使えないし、アレンジするのにどんな食材を合わせるのかも難しく、この一品を完成させるまでに5、6年を要しました。

今では北海道の高級鮨屋の定番メニューになっていますが、自分が先駆者であったと思っています。このメニューをきっかけに、マスコミから取材を受けることが増えました。

こうした代表的なメニューができたら、それで完成というわけでもありません。常にメニューについて考え、挑戦していくことが大事です。

北海道の素材を使うということを守りつつ、それだけで満足なわけでもありません。鮨はバランスが大事。基本的に、12貫の鮨と6、7品のつまみをつくります。その中で、いかに抑揚を出していくのか。今もずっと考え続けていきます。

基本的に、鮨屋はネタ中心でやっていく店とシャリ中心でやっていく店に分かれます。うちはシャリのうまさを追求する店なので、それに負けないネタを考えなければなりません。ただ新鮮な魚を切って乗せるだけでは、うまい鮨とは言えないのです。

魚のおいしさをどうやって出していくのか。それを追求し、ここ最近で「これだ！」と思ったのは**ニシンの熟成鮨**です。

生で握ったり、あぶってみたり、いろいろ試行錯誤してみましたが、最終的に熟成させるというところに落ち着きました。酸度の高いシャリと豊富な脂を含むニシンが馴染み、とてもおいしくなるのです。

たとえ**ヒット商品が出ても、それで満足せずにずっと新しいものを追いかけていく姿勢が、成功し続けるためには必要**です。

わずかな違いを演出する

メニューづくりでコンセプトを表現したら、そこから微調整していきます。求める客層はざっくりと同じでも、その店の立地によってどうしても違いは出てくるものだからです。

たとえばわかりやすく東京を例に出してみます。私が東京で①山手線内、②山手線付近、③郊外の3カ所に店を出すとします。そうしたら、たとえメニューはほぼ同じであっても、少しずつ素材や味付けを変えます。

具体的には、①山手線内の店にはアッパークラスのお客さまが多いことを考えて、質の良い素材を薄味でご提供します。②山手線付近の店だったら、通勤で山手線を使う会社帰りのお客さまを意識して、良い素材を選びつつしっかりとした味付けにします。そして③郊外の店なら物価が少し安くなるので、その価格帯に合わせてコストを抑えた素材でしっかりした味付けに。

こうした配慮は当然のことで、飲食業界でちゃんと仕事ができる人はみんな知っていますし、知らなかったとしても自然とやっているはずです。

実際の私の店は、東京ではなく北海道に3店舗あります。狙っている客層は大きく変わらないものの、やはりコンセプトや味付けに変化をつけています。

地元のお客さまが多い中標津では、地元ではめずらしく感じられる素材を全国から取り寄せますし、東京などからやって来るお客さまが多い札幌では、徹底的に北海道の素材にこだわって「北海道に来た！」という感覚を楽しんでいただく。姉妹店の『鮨八つ葉』ではカジュアルに食べられるよう、他2店舗の半分程度の単価にしたコンパクトなコースを提供します。

ターゲットに合わせて、わずかな違いを演出することができる技術があるということが大前提ではありますが、決して手を抜いてはいけない部分です。

今はＳＮＳがあるので、食べたいお店を探してどこにでも足を運ぶお客さまが増えています。だから一概に立地で客層を判断することはできないのですが、だいたいのカラーをつかむことは大切です。

飲食店以外でも、お客さまを消費者や取引先と読み替えれば、同じような微調整が必要なのではないでしょうか。

職人と経営者とのバランス

職人とは、経営者とは

私は職人として鮨を握り、同時に自分の店を経営する経営者でもあります。

職人であり、経営者である。それぞれ違う役割がありますが、二刀流でこなしていかねばなりません。

では、具体的に役割はどのように違うのか。私なりに考えていることがあります。

まず職人は、最高の食材を求めていい調理をし、お客さまを満足させるのが仕事。料理人以外の職人でも、その仕事における高い質を追求して、お客さまや取引先に満足していただくことが求められます。

翻《ひるがえ》って経営者は、利益を最優先に考えて、事業を継続させてスタッフの生活を守るのが仕事。近年では、社会的役割を果たすことも求められていると思います。

一流ビジネスマンのみなさんも、今は自分の専門性を高めて活躍する職人のような立場かもしれません。しかし、**ネクストステージを目指すのならば、自ら経営することを視野に入れる必要がある**でしょう。

ですから、職人と経営者との違いや、二刀流でこなす場合のバランスについて、参考にしていただける話だと思っています。

職人が経営にあたる3つのパターン

果たす役割の違いがある中で、職人が経営にもあたるケースは決して少なくありません。その場合、大きく分けると次の3つのパターンがあります。

①資金やスタッフを集めて、自分はオーナーとして経営に専念する
②出資者やオーナーに雇われて経営者（店長や料理長）になる
③オーナーシェフとして自分の店を出す

①は、職人として業界がわかってきたところで経営に専念するパターンです。
私が修業時代にお世話になった親方も、事業を広げて今では経営に専念してお

られます。
ただ、①のパターンはオーナーシェフとして大きく成功したり、親の代から受け継ぐ店があったり、大金があることが前提になるので、限られた人しか当てはまらないと思います。

②は、出資者やオーナーなどからのサポートを得られるため、スタートアップには最適かもしれません。ただし、注意も必要です。
出資を受ける場合には、事前に役割分担や金銭面など、しっかりとした取り決めをしておかないとトラブルの原因になります。ここをきちんとクリアできれば、自分のやりたい店に近づくための一番の近道になるでしょう。

一方で会社に帰属する場合には、かなり努力が必要になります。飲食店経営の会社に属するのであれば問題ないと思いますが、他業種の会社が飲食店経営に乗り出すのであれば、意思の疎通がうまくいかないことが多いからです。

サラリーマン経営者は待遇も安定するので社会的にはいいかもしれませんが、自由度は低く、会社という枠の中で仕事をしなければならないという制約もあります。また、会社からの期待値も明確でしょうから、それに応えられなければ解雇の可能性もあります。

後述しますが、今はこの②のパターンで独立する鮨職人がほとんどです。注意するべきところをないがしろにせず、さまざまな条件をよく考えてみて自分に合っているのなら、とてもいいパターンであると思います。

③のオーナーシェフが、私のパターンです。

オーナーシェフになるためには、まず自己資金が必要です。これまで自分で貯めてきた資金がゼロではできませんし、必要に応じて銀行や知人、親戚から借り入れます。

お店をオープンするにあたっては、**資金の確保だけでなく物件探しやスタッフ集め、経営計画など準備に時間がかかります。**余裕をもって準備することが必要です。

自分で経営をしていくので、当然ながらやりたいことがやりたいようにできます。繁盛した場合は大きな利益をあげることができ、十分な収入を得られるようになります。

職人と経営者、どちらの意識が強いのか

②か③のパターンで店をうまく経営していくには、職人と経営者のバランス感覚が非常に大事だと痛感しています。
私はもともと職人としてキャリアをスタートしています。だから、職人として恥ずかしくない技術があることは大前提。そのうえで、常に理想のメニューを表現できるように、さらに技術を磨いていかなくてはならないと思っています。

とはいえ、何か特別なことをやろうというのではなく、私はオーソドックスでシンプルな技術しか使いません。それを積み重ねていった中で余分な部分を弾《はじ》き、凝縮された純度の高い中心部分だけを表現するという技術の極め方をしていきたいです。

この技術に対する執念のようなものがなければ、お客さまに継続的に支持されるメニューを提供することはできないので、経営戦略的にも職人としての技術を磨くことは絶対条件になっています。

しかし、当然ながら技術だけではダメで、経営者としては数字を意識することがどうしても必要です。その事業の内容や規模によって、クリアすべき数字は違うと思いますが、私の店では「食材原価 ＋人件費」を売上げの60〜65％にするのを基本としていて、もっとも重要なことだと考えています。

他にも、具体的にさまざまな数字を設定しているのですが、常に目標通りの数字にしていくのは至難の業です。だから、月ごとに多少のでこぼこはあったとしても、平均すると数字をクリアできるように心がけています。

また、集客にも心をくだく必要があります。

そもそも店舗の立地も大切ですが、今はＳＮＳの力が強いことも見逃せません。自分でＳＮＳのアカウントをつくり、自分の店の魅力を発信する努力もしていくべきでしょう。

ただ、ＳＮＳは思いもよらぬことで炎上する危険性もありますから、十分に注意しながら運用していかなくてはなりません。

職人と経営者の二刀流でやっている人たちの中で、「自分は職人である」という意識の強い人たちは、店舗を増やすなどの事業拡大には興味を持たないものです。

もちろん利益を出して店を継続していく意識は十分にあるでしょうが、自分が大切にしている今の１店舗があればいい。職人としてうまいものを提供することが大事なので、事業を広げるよりも守ることが重要。

逆に「自分は経営者である」という意識が強くなると、事業を拡大して前述したパターン①のように、自分はオーナーとして経営に専念するようになることもあります。

私は、どちらかの意識に傾くのではなく**バランスよく「職人であり経営者である」を体現**しているつもりです。事業を広げていくことは考えているのですが、自分が厨房に立たなくなることはありません。

ただ、経営についてかなり自分の中で系統立てて考えているので、経営者寄りに見えるかもしれません。確かに3店舗を経営し、さらにセントラルキッチン構想も持っていて、まだまだやりたいことがたくさんあります。

経営的な挑戦は続けていきますが、鮨職人としての技術へのこだわりは決してなくしたくありません。

どんなバランスで仕事をしていくのかは、その人が自分の事業をどのようにしていきたいかにかかっています。**小規模でも自分の専門性を追求していきたいのか、拡大して社会的にも影響力を持ちたいのか、**自分の理念と向き合うといいでしょう。

事業拡大の極意は「箱の用意」ではなく「人材育成と学び」

箱を用意しても人材がいなければ失敗する

ネクストステージを目指す一流ビジネスマンのみなさんは、これまでの自分の専門性を大事にする職人の部分を持ちながらも、やはり経営者の意識を色濃く持っているはずです。**職人のままでいては、社会的成功に限りがある**からです。

マネジメントする立場になったら、どのように事業を拡大していくかを考えていかねばなりません。

拡大を目指す時に多くの人が犯しやすいミスは、**人を育てる前に箱（店）を用意してしまう**ことだと思います。

たとえば私が中標津で最初の店を経営しながら、札幌に出店することを決めた時。「札幌に出店するから、この中標津の店を誰かに任せよう」という〝はじめに箱ありき〟の考え方ではなく、「この中標津の店を任せられる人材が育ったから、次は札幌に出店しよう」という**〝はじめに人材ありき〟**の考え方がベースになりました。

事業拡大を考えていても、拡大した時にちゃんと仕事をしてくれる人材が育っていなければ、結局は行き詰まってしまいます。

ちょっと考えれば当たり前のような気はしますが、実際には先に拡大することを決めて人材が追いつかず、失敗してしまうケースは少なくありません。

私が地元の中標津で店を開いた時に、勢いで水産加工の会社をつくったのにうまくいかなかったことがありましたが、考えてみれば先に箱の用意をして失敗してしまったいい例になります。私自身、鮨職人ではあっても加工職人ではなく、水産加工に精通した人材はいませんでした。

大不漁という外的要因があってどうしようもなかったことは確かですが、もし水産加工業界のプロがいたら、違う結果になっていたかもしれません。

そんな教訓もあり、私は**新しく店を出すよりも人材育成を優先したい**と思うようになりました。

短期間で店の本質を表現できる人材にはなれない

鮨屋を経営していると、出店のオファーをよくいただきます。また、経営者同士もつながっているので「あそこのテナントが空いた」という情報もよく伝わってきます。

だから、立地の良い物件の空き状況はよくわかりますし、そこに入る店側の事情もよくわかるのですが、「よし、空いたから入ろう！」と箱ありきで決めて急いで人を集めた場合、うまくいった例を見たことがありません。

どこかやっつけ感があるようで、安定しないのです。自分に置き換えて想像してみても、店の理念や方針といったものを理解するまでに、どんなに短くても2～3年はかかると思います。だから、店のオープン前に集められた人材に店を任せたとしても、その店の本質を表現することなんてできないのです。


私が独立する前にお世話になった親方は、何店舗も店を増やして経営に専念するようになりました。拡大に成功した例です。

先日お会いして話をした時に、「おかげさまで人が育ってくれたから広げられた。これでみんな辞めていったら、とてもじゃないけれど店を増やせなかった」とおっしゃっていました。

親方は、人を集めて育てるのが抜群にうまいです。そしてある程度育てたら、「よく育ってくれたな。そろそろ上に立ってもらわないと」とポジティブなプレッシャーをかけておいて、いい条件の出店依頼があったら新店舗にして若い衆をつけて任せる。そうやって、鮨にとどまらず飲食店経営を拡大していきました。

それこそが、理想的なマネジメントです。

鮨屋を中心に飲食店業界の動向はよく耳に入ってきますが、やはり箱優先にすると失敗するし、人材をまず育てているところはうまくいっている。それは確かだと感じます。

産学連携もひとつのチャンス

人材育成と同様、事業拡大には新たな学びも必要です。つまり、同じことを継続しているだけでは事業拡大にならないので、新しいこともやっていかなくてはならず、そのためには学ばなくてはならないということです。

今、私がより極めていきたいと思っているのは、仕込み技術です。

鮨屋をうまく運営していくには　**①寿司を握る技術、②お客さんを楽しませる会話などのサービス技術、③仕込み技術**の３つが必要です。

①と②については、これまでの修業や経験から身につけているもので、これからも自分なりに向上を目指すものですが、③は私たちだけでは気付けないほど技術が進化している分野です。そして、仕込みは営業時間中にすることはできないので、店の開店前や閉店後の時間を使うことを考えれば、時間的にも制約があって身につけるのが難しい。

だから私たち鮨屋のネックになるのは、③の仕込み技術なのです。

仕込みの中でも、特に冷凍保存技術が今は驚くほど発達しており、それを研究して極めることは、生の魚を扱う鮨屋にとって非常に興味深く店の経営面でもメリットが大きいはずです。

実は、北海道大学農学部の研究室から、新しい冷凍技術の研究のオブザーバーとして声がかかっています。一緒におもしろいことができないか、ということなのですが、鮨屋としてはとても研究しきれないところを、大学と協同できることはありがたいです。

研究というものは失敗も多くくり返すものなので、効率的だとは言えず時間はかかるでしょう。でも、冷凍保存技術の重要性を考えれば意味のあることだと思っています。

鮨屋のネックとなっている仕込み技術は、個々の鮨屋ですべて完璧にできなくても、仕込んだ食材を買えるようになればいい。

私は大学の農学部と協同で冷凍保存技術を確立していき、その技術を使っていずれセントラルキッチンを稼働させることを目標にしています。そこで仕込んだ食材は、私の店で使うだけでなく、さまざまな鮨屋に買ってもらえるようにすればいいのではないか。そう考えています。**技術を身につけたら、それを自分の店だけではなく業界全体のために活かしていきたい**からです。

この目標に対しても、まずはセントラルキッチンという箱をつくろうというのではなく、研究して技術を学ぶことが先です。

新しいことをやりたくて、その技術を自力で開発することが難しい時は、こうした産学連携でも可能性が広がるかもしれません。**自社にとどまらず、他社にも広められる技術で業界を活性化する**ことができたら、ネクストステージに近づけると思いませんか。

私はたまたま知人を通じてその研究室と関わりがありましたが、大学との関係性が皆無ではなかなか難しいことではあります。ただ、待っているだけではなくこちらから興味のある研究を見つけて協力をあおぐ積極性はあってもいい。

連携は難しくても、チャレンジをすることで得られることはあるはずです。

コロナ禍を乗り越えて知る「時間をかける」大切さ

コロナ禍でも稼働率8割をほぼキープ

2020年、コロナ禍によって世界中から日常という言葉が消え去ったように、異様な世の中になりました。人々は緊急性のある外出以外は自粛を強いられて、街を歩く人の姿もまばら。

そんな状態で多くの飲食店が大きな打撃を受け、倒産してしまった店もたくさんあります。しかし、鮨わたなべはそれほど影響を受けずに済みました。

その秘訣は、**規制の範囲内で淡々と粘り強く営業を続けた**こと。

コロナ禍では、飲食店への酒類提供禁止や営業時間短縮の要請がある前から、飲食店の予約のキャンセルが相次ぎました。

一斉のキャンセルは、私たち飲食店にとっては地獄に落とされるようなもの。集客に心をくだいて頑張っているのに、せっかく入った予約がほとんどキャンセルされてしまったら、心が折れてしまい、まさに絶望です。

そのため、営業停止の要請がなくても閉めてしまう店がどんどん出てきました。

それでも、私は店を開け続けました。緊急事態宣言で夜8時までの営業の要請が出た時には、もちろんそれを守りました。でも、「8時までしか開けられない」ではなく「5時から8時までの3時間は開けていられる」と考えたわけです。

閉めたくなる気持ちはよくわかりますし、私も心が折れかけた時もありました。でも結局、あきらめずに粘り強く店を開け続けた結果、緊急事態宣言時以外は、8割以上の稼働率で営業することができたのです。

ずっと家にいるばかりでは気が滅入ってしまうから、たまには外食したいと考えた人が少なくなかったこと。また、閉まっている店が多いので開いている私の店に人が集まったこと。それが稼働率8割を可能にしてくれました。

スキルアップにも時間がかかる

コロナ禍を通して実感したことは、やはり休んでいてはいけないのだということ。何ごとも粘り強くやり続け、その時にできることを精一杯やる。それが、事業を続けていくために必要なことなのだと思ったのです。

これは、店としてだけでなく個人に当てはめても同じです。

休んでいたら、休んだなりの結果にしかなりません。今は日本人の働き過ぎが問題視されて、しっかりと休みを取らなければならないという世の中になりました。

しかし、本当にそれでいいのか疑問です。

たとえば保険商品のプランナーなど、たくさんの顧客を抱える成績優秀者は、土日の休みも関係なく働いています。仕事で成功する人、しっかりと成果をあげる人は、やはり自分のスキルアップのために時間をかけているものなのだと思います。

片やしっかり休みを取ることにこだわる人もいて、仕事ができる人との格差が広がるばかりだと、店にいらっしゃるマネジメント側のお客さまたちからも嘆きの声がよく聞かれます。

確かに、人として休みはきちんと取るべきです。ただ、特に若いうちは**スキルアップのためには休む間もなく時間を費やして努力する必要がある**のも事実。お客さま相手の商売であれば、営業時間を少しでも長く確保する必要があるのも事実。だから、休みと仕事とのバランスが難しいのです。

どんな仕事でも成功したいのなら、そのためにあまり休んでいられません。

経営者の立場になれば成功させる責任もあるので、ある程度は仕事に時間を捧げる覚悟を決めたいですね。

一方で、スタッフは休ませなくてはならない。自分ひとりならがむしゃらに休まず働けますが、スタッフを使う立場になれば難しい。

昔は職人の世界など、働き詰めなのが当たり前のようなところもありました。しかし、時代は変わっています。やはり認識を改めなければならない部分もあります。

休まずやり続けること。しっかり休むこと。この2つを両立することはなかなか難しいですが、私の店では週1日の定休日と、シフト制での休みを合わせて週休2日に近づけるように工夫し、妥協点としています。

常連客を大切にすることで築かれる強固な顧客基盤

本音で接してくれるのが信頼の証

飲食店経営を継続していけるかどうかは、お客さまにくり返し利用していただけるかどうかが大きく影響します。当然ですが、顧客が多ければ多いほど経営的には安定します。

鮨屋は飲食店の中でも、ありがたいことに顧客率が高い方で、私の店にも多くのお得意さまがいらっしゃいます。

それを見ていて感じるのは、本音で接してくれる方が多いということ。

鮨屋を接待で使う時などに、「大将、ちょっと自分とは相性があまり良くないお客さんを連れて行くんだけど、よろしく」とか「うるさ型の人を連れて行かなきゃならないけれど、悪いね」と正直に伝えてくださると、こちらも心得てサポートができます。

サポートすることは当然だと思っているのですが、それをお得意さまはありがたいと感じてくださって、次に来た時には「助かったよ！」と言ってくださったり「次は自分が信頼している人を紹介するね」と新たなお客さまを呼んでくださったりするのです。

こんなやり取りをくり返しながら、お得意さまと店との関係はより強固になっていきます。

新たなお客さまが「〇〇さん（お得意さま）のご紹介で来ました」といらした場合には、「〇〇さんからです」と言ってめずらしい酒を1杯サービスします。それはお得意さまからということにして、私の方でサービスさせていただくのですが、新たなお客さまはとても喜んでくださいます。

そして、後からそれを聞いたお得意さまも、たった酒1杯といえども「大将、私の名前でめずらしい酒をサービスしてくれたんだって？　本当にありがとう」と、ここでも感謝してくださることを忘れません。

このように、私にとっては来店してくださるありがたいお得意さまなのに、お得意さまの方もこちらのサービスをありがたいと思ってくださり、その気持ちを伝えてくださることが多いです。

しかし、お得意さまに対して何か特別なサービスをすることは、このちょっとめずらしい酒1杯以外はあまりありません。確かにお得意さまはとても大切ですが、他のお客さまも大切だからです。どんなお客さまに対しても平常心で、私たちの店でやるべきサービスを丁寧にやっていきます。

ただ、特別なことをするよりも、先に例に挙げたように接待で来店してくださった時にはさりげなくサポートする。それこそ、お得意さまのことをよく理解していなければできないことですので、意味があることだと思っています。

店側に親しみと配慮をしてくださるお得意さまが紹介してくださる新たなお客さまは、お得意さまと同類のお人柄であることが多いので、そのままお得意さまになってくださることも少なくありません。まさに、顧客が顧客を呼ぶとはこのことです。

そして、単に食事に来てくださるだけでなく、お土産をくださることも多いです。おかげで私の店には、いつもたくさんのお菓子があります。

いただきものをすれば、こちらも店で販売しているポン酢などをお返しにお渡しする。モノのやり取りだけではなく、そこには確実にお互いを思いやる気持ちがあふれています。

お得意さまとそうした濃い関係性を築けることは、鮨屋冥利に尽きることだと感謝しています。

手から手へ。特別なつながりを感じさせるサービス

それにしても、鮨屋の顧客率が高いのはなぜなのか。

それはおそらく、鮨のつくり手が厨房にこもらずに目の前にいて、**直接手で握ったものを提供するという他の料理とは違ったかたち**があるからではないでしょうか。しかも、直接手渡しすることもあります。

つくり手とお客さまが、文字通り触れ合う機会がある飲食店。その触れ合いを通して、まるで1対1の親密な関係性が生まれたような気分になるのだと思います。

今は人と触れ合わなくても、オンラインで何でも間に合ってしまう時代。食べものだってすぐに家まで届けてもらえて、置き配を依頼しておけば誰とも顔を合わせる必要がありません。

だからこそ、鮨屋のぬくもりを感じる関係性に価値を見出す人も多いはずで

す。鮨屋は、人とつながるのがわずらわしいとか、手軽がいいといった現代の風潮とはまったく違う価値観で営業しています。そして、それを求めている人は少なくないということです。

飲食店に限らず、こうした**親密さを感じさせるサービス**をじっくり考えてみる価値はあるのではないでしょうか。

時代と逆行するかもしれませんが、人と人の直接のつながりは大事です。それが結果的に、顧客率を高めることになるのだと思います。

同業者との付き合いで広がる視野

地方では同業者が手を取り合っている

東京で働いていた頃は、競争が厳しくて同業者は仲間というよりもライバルであるという意識が強かったです。しかし、北海道に戻ってみると、同業者はさまざまな情報を共有し合う大切な仲間でした。

たとえばいい物件に空きが出れば、その情報はたちまち共有されて、不動産屋で公開されるより前に押さえられます。今は集客にＳＮＳが重要とはいえ、やはり人が来やすい場所というものはあるので、物件情報は非常に大事なのです。

すばらしい場所が空いた時に、自分に新店舗を出す予定がないのであれば、仲間がうまく使って儲けてくれたらいい。地方ではみんなで業界を盛り上げようという意識があり、それが心地いいです。

どんな業界にも競争はあるものですが、敵対するよりも手を取り合う方がずっとうまくいくような気がします。

手を取り合うことで、自分とは違う価値観に触れて視野が広がることも多々あります。視野を広げることはマンネリ化を防いで新しい挑戦を生むので、経営をしていくうえでとても大事なことです。

驚きの完全週休2日制

私にとって非常に印象的だったのは、鮨屋でスタッフの完全週休2日制を実現した店があったこと。はじめに聞いた時には、驚きました。

先に少し触れましたが、仕事のスキルアップには時間がかかります。お客さま相手の商売は営業時間が短いとうまくいかないので、ある程度は営業時間を長く設定しなければなりません。しかし、今は労働環境について厳しいために休みも必要なので、そのバランスに苦慮しています。

そんな私の悩みをよそに、仲間の鮨屋は完全週休2日制を導入したというのです。営業時間を減らさないよう、スタッフの数を増やしてシフト制で完全週休2日にしたということでした。

スタッフの数を増やすとひと口に言っても、スキルを持っている人材をそろえられるのか。店の商品のクオリティを確保できるのか。それが私には疑問でした。

しかしそれは結局、**価値観の違い**でしかなかったのです。

クオリティを下げてでも、人を集めることを優先する。それでも、高いクオリティを求めないライトな客層には十分満足してもらえるということでした。なるほど、そういう考え方もある。**完全週休2日という待遇が、スキルはどうであれたくさんの人を集めるカギになった**わけです。ライトな客層にとって、スキルが高い職人ばかりが必要なわけではありませんから。

私の店とはまったくコンセプトが違いますが、とても影響を受けたことは確かです。完全週休2日とまではいかなくても、定休日1日に加えてシフト制で月に8日休みを取ってもらうようにしました。

感心するのと同時に、職人を育てる難しさも痛感しました。

私は国内で名前があがるような一流鮨職人を育てるのが夢ですが、労働時間の制約と闘いながらそれができるのか。

これは人を育てる立場の仕事人にとって、高い壁となる難しい問題だと思います。

投資家にとってもうまみのある鮨屋出店

狭い場所で営業でき、人件費もかからない鮨屋

鮨屋は、実は投資家にとってとてもうまみのある投資案件です。だから、ネクストステージを目指すのであれば、鮨屋に目を向けてみることをお勧めします。

鮨屋に投資するメリットは、利益を上げやすいこと。

普通、飲食店を出すのであれば、それなりの広さの店舗と、料理人にホールスタッフなどの人材も必要で、かなり資金が必要になります。しかし、鮨屋ならばカウンターさえあればたくさんテーブルを並べる必要はなく、職人が鮨を握りながらホールスタッフも兼ねて接客します。


つまり、**圧倒的に少ない資金で店を出すことができる**のです。

だから投資家は、どこかいい物件を見つけたら借りて、鮨屋をつくって鮨職人に貸し出せばいい。

出店準備には都内で5、6千万ほどかかると言われますが、投資家にとっては特別な額ではありません。**マンション投資と同じ程度の金額で、それよりもずっと利益を出すことができるのが鮨屋投資**です。

鮨職人としてネクストステージを目指す道もある

鮨屋投資は、鮨職人にも大きなメリットがあります。

自己資金がなくても、投資してもらえれば自分で店を切り盛りできます。前述の「職人と経営者とのバランス」でお伝えした、職人が経営にあたる3つのパターンのうち、②出資者やオーナーに雇われて経営者（店長や料理長）になる　がこれに当たります。

実際、今の若い鮨職人の中で、自己投資で店を出している人はほとんどいません。

鮨屋には、投資する余裕のある富裕層がお得意さまとしてたくさんやって来ます。職人として見込みがあると判断されれば、若くても「店を出さないか？」という話は持ちかけられるもの。

もちろん、見込みがあると判断されることが大事です。投資家は、投資先についてはシビアに観察します。料理ができて、ホールができて、お酒の知識もあって、お客さまと会話ができて、経営もできる人材でなければならない。だから、鮨が握れれば誰でもいいというわけにはいきません。

でも、**真摯に仕事と向き合って見込まれれば、自分の城を持つことができる**のです。

そして、そうやって大将として自分の店を繁盛させることができれば、さらに「いい物件が出たんだけど、店舗を増やさないか？」と打診されることも増えていきます。

私は自己資金で店をはじめ、ありがたいことに自分で店舗を増やすことができました。だから当初は鮨屋投資の恩恵を受けたわけではないのですが、今、たくさんのお客さまに支えられている中で、出店のお誘いを頻繁に受けます。

たとえば、「沖縄に店を出してくれ。そうすれば仕事ついでに沖縄に遊びに行けるから」というように、信頼していただければ鮨屋に積極的に投資する富裕層は多いのです。

私は「箱の用意よりも人材育成」という考え方なので、人材さえ育てばそうしたお誘いを受ける可能性も十分にあります。

たくさん声をかけていただけるのは、出資する価値があると認めていただけたということ。自分の考えだけで出店することもできますが、やはり「一緒にやろう！」と出店を望まれることがうれしいです。

私が鮨職人として月日を重ねるうちに思ったことですが、**お金を稼げるようになりたければ、鮨職人になるのも賢い選択のひとつ。**

世の中の多くの人が「将来のために」と考えるのは、まず一生懸命に勉強していい大学に入ることです。でも学歴をよくすることは、大企業など給与のいい会社に入れる可能性が増えるだけで、約束されるわけではありません。

そして入れたとしても、仕事を覚えて一人前になり、そこそこの高給を得るのは30歳を過ぎた頃。しかも、その待遇が続くという保証もなく、会社員では破格の待遇にも限りがある。

しかし鮨屋なら、いい大学を卒業する必要はなく、若いうちからある程度稼げて、投資してもらって店を任されでもしたら、20代であっても店の主になれます。

やがて自分でもオーナーとなれば、工夫次第で収入は天井知らずです。もちろん、それは難しいことではありますが、**大企業で会社員として働くよりもずっと、富裕層に近づく可能性は増えます。**

鮨職人になれば、将来はバラ色！　とは言いません。ただ、どんな鮨職人を目指すのかは人それぞれですが、鮨は失敗しにくい分野であるとは思います。

投資する側も、される側も、鮨屋にはうまみがある。ネクストステージを目指すなら、鮨屋でそんな世界が繰り広げられていることを知っておくのもいいですね。

第4章

カウンター越しに学んだ一流のビジネス作法

鮨屋には、一流の経営者をはじめスポーツ選手、アーティストなど各界で一流と言われる著名人が集います。どんなジャンルでも、活躍する人はそれぞれヴィジョンや独創性をもって成功への道を歩んでいることを、カウンター越しの会話から学んできました。

ネクストステージを目指すみなさんにも、参考になることはたくさんあると思います。

大企業経営者から学んだ失敗を恐れない姿勢

ステップアップには失敗させる器が必要

私がまだ東京で、雇われ職人として働いていた頃のこと。親方のお得意さまを引き継いで、一気に著名な方々と言葉を交わすようになった時期があります。

そのお得意さまの中に、ユニクロを運営するファーストリテイリング代表取締役会長の柳井正氏がいらっしゃいました。

もう20年ほど前のことですが、すでにユニクロはフリースの大成功で急速に成長し、世界的にも大きな注目を浴びる企業となっていました。

ある時、柳井会長から「30億をかけて野菜事業をやる」というお話を聞いて、「農業に参入するんですか？」と驚いて聞いてみると、意外な答えが返ってきたのです。

「いや、そういうつもりじゃない。これまで俺たちはうまくいき過ぎたんだ。今の社員たちは、やれば何でもうまくいくと思っているから、このあたりで挫折を味わっておかないといけない。今回、30億をかけているけれど、ダメだと思うよ」

この言葉は、かなり衝撃でした。**30億円もかけて、ほぼ失敗するだろうとわかっている事業をやらせてみる。**それも、社員たちにビジネスの実情の厳しさを教えるために。

そして、実際にその半年後に、ユニクロがその野菜事業から撤退するという報道を目にしました。

ユニクロが成長し続けることができる秘訣は、ここなのだと思いました。**ステップアップしていくためには、失敗させることができる器がないとダメ**なのです。

失敗を経験したからこその成功

この事業は、「野菜事業のビジネスモデルには、まだ改善の余地がある。ぜひやりたい！」と考えた一人の社員の発案ではじまったそうです。実家が青果店であるというその社員の思い入れは深く、反対の声は多かったものの、柳井氏はゴーサインを出した。

その時、柳井氏が実際にどう思っていたのかはわかりません。完全に失敗するけれどやらせてみようと思ったのか、失敗しそうだけれど企画には魅力があるから、うまくいけばいいと思ったのか。どちらにしても、手放しで「勝算あり！」と思ったわけではなかったということです。

自分も経営者になってみてよくわかることですが、やはり失敗は怖い。スタッフに対しても、なるべく失敗させないようにするという意識で接しています。

だからこそ、怖いもの知らずで勢いに乗る社員たちに挫折を経験させるために、失敗させることをいとわない器の大きさに驚きました。

そして、失敗させてみたことが結果的には大きな成功を生んだということにも、また感銘を受けました。

実は、失敗した野菜事業の発案者は、今やユニクロと並ぶファーストリテイリングを代表するブランドとなったGUの代表取締役社長である柚木治氏です。

柚木氏は、野菜事業撤退の責任を取って辞表を出したそうですが、「お金を返してください」という表現で柳井氏から慰留され、その後に赤字続きだったGUを再建し、見事に野菜事業での損失を大きく上回る利益を出しています。

きっと、失敗から得た教訓があったからこそ、GUの成功につながったのでしょう。柳井氏が、失敗も覚悟して経験させた意味は大きかったと言えますが、実際に失敗させることができる経営者がどれほどいるのかはわかりません。

ただ、**失敗を回避するばかりではステップアップできない**ということを、私自身も胸に刻みました。

ものづくりの技術者がトップに立つ葛藤

自分が納得するものづくりが前提

最近は、プライム企業などで技術者がトップに立つことが増えていて、技術者が経営を担うケースが多いです。

これは前章の「職人と経営者とのバランス」とも共通するテーマですが、やはり技術者としての思いと経営者としての責任の狭間で葛藤するというお話をよく聞きます。

たとえば橋梁建設の技術者だった場合、技術者としては見栄えも良く後世に残るような最高の橋を架けたい。しかし、最高のものづくりを追い求めたら、結果的にコストがかさむ。

そういう場合の考え方として、「なるほど」と共感したのは、ある技術畑出身トップの「まずコストは関係なく、いいものをつくることを前提とする」という言葉でした。

最高の橋をつくることに心血を注ぎ、そこでコストの問題が出てきたら初めてコスト調整をすればいい。決して、最高の橋に固執してコストを無視するということではありません。

自分に置き換えてみても、もし儲けを気にするところから入ると、うまい料理がつくれません。まずは、今の時期にどうしてもお客さまに食べていただきたい料理をつくる。その気持ちがなければ、お客さまを満足させることなどできないのです。

やはり前章の「メニューにはじまりメニューに終わる」という私の経営学にもつながります。コストはもちろん大切ですが、コストばかりを優先しないという経営学の大切な核になっています。

店を経営する自分の中の葛藤ですが、プライム企業のトップでも同じように悩み、同じようにやりたいことを優先するのだということがわかって、非常に勇気づけられました。

好循環と悪循環、どちらに転ぶのかを決めるスイッチ

私たちのような飲食業界は、生き残っていくのが大変です。**独立しても、2**

年経てば半分の店はつぶれ、3年経つと3割以下、10年経つと1割しか残りません。

そういう世界で店を継続させていくには、**葛藤しながらもブレないことが大事**だと思っています。食べ物屋は、圧倒的にうまいものをつくらなくてはお客さまがどんどん減っていくものです。

やりたいこととコスト管理の両方が必要な中でも、やりたいことをヴィジョンに掲げてブレないということは、単純なようでいてなかなかできないことだと思います。わかっていながら、店をつぶさないように気を配ることがコストの見直しになってしまう。

お客さまが入らなくなると、さらにコストの見直しをくり返して、いつまでもお客さまに食べていただきたい料理をつくれない。するとまたお客さまが減って、悪循環になります。

もし自信をもってご提供できる料理をつくり、コストがかさむのなら調整しながらも、できるだけ納得できる料理に近づける努力をしたらどうでしょう。コスト的には苦しい部分も最初はあるかもしれませんが、結局はその料理がお客さまを呼んでくれて、店は繁盛して好循環が生まれます。

自分の店では、好循環を生み出せるのか、それとも悪循環になってしまうのか。好循環にするための最初のスイッチが、**「まずコストは関係なく、いいものをつくることを前提とする」**ということになります。

お客さまより先にまずは自分が納得すること

これと似たような話を、親しくさせていただいているある有名アーティストの方からも聞きました。「アルバムをつくるのに、まずはいい曲を集めないとレコーディングに入れない」ということです。

以前はビッグヒットが1曲あれば、あとはクオリティをそれほど気にせずに曲を集めてアルバムにできたけれど、今はもうそんな時代ではなくなった。

買ってくれるファンのみなさんを納得させる前に、まず自分が納得する曲をそろえる必要があるというのです。

この話は「やりたいこと」と「コスト」との比較ではありませんが、橋であれ料理であれ曲であれ、とにかく何でもものづくりに関わる人間としては、自分が納得することが大事なのだと思いました。

それが結局はお客さまのためにもなり、満足していただけることにつながるのです。

コツコツやることが成功への近道

自分がいかにあるべきかを理解する

私の店にはプロスポーツ選手の方たちもよく来てくださいますが、一流のスポーツ選手は自分がやらなくてはいけないことが明確にわかっているなと思います。勝つという目的がはっきりしていて、今はスポーツ理論も確立しているので、その目的に向けて自分がいかにあるべきかを理解しているのです。

そのあるべき姿に近づいていくように、それぞれがやるべきことというものがあります。それを明確に理解し、コツコツと毎日続けることができているのが、アメリカのメジャーリーグで最も注目と期待を集めるようになった大谷翔平選手です。

以前、私の店に野球日本代表の侍ジャパンにも選出されていた一流選手が来店された時に、しっかりした量のあるコースを2名分召し上がりました。

「さすが侍ジャパンの主砲はたくさん食べますね！」と言ったら、「いや、俺なんか少ない方です」と。大谷選手なら、その倍の量をペロリと食べてしまうそうです。

結局、よく食べて鍛えて体を大きくしていかないと打ったボールが飛ばないということなのです。私もずっと野球をやっていたので、確かにその感覚は理解できます。

食べるだけでなく、日々コツコツと鍛えることでボールを飛ばせるだけの体の大きさとパワーを手に入れていくわけです。日本を代表する侍ジャパンの選手たちはもちろんですが、大谷選手の前人未到の華やかな活躍にも、地道な努力という土台がないわけがありません。

この話を聞いて、同じく侍ジャパンに名を連ねるある選手のことを思い浮かべました。ずっと店に通ってくださる常連さんなのでよく顔を合わせるのですが、この6、7年でどんどん体が大きくなっています。腕はまるで丸太のよう。「ボールを飛ばせないと、ピッチャーに舐められる」とその選手がつぶやいたことを鮮明に覚えています。

やはり、食べて筋力トレーニングを続けることでその体を手に入れたわけで、複数のタイトルを取っていました。複数のタイトルホルダーとなる快挙には、理由があったということです。

派手な成功の裏にも地道に築いた土台がある

ビジネスでもコツコツ粘り強くやる人が勝つのだと、多くのビジネスマンや経営者を見ていて思います。結局、どんな仕事でもやらなくてはならないことは決まっている。それをどれだけ日々サボらずにやるのかで、結果は違ってきます。

急成長を遂げたり大きな話題になって成功したりするビジネスでも、その裏には地道な努力で築いてきた土台があるはずです。もしそういう**土台がなければ、成功は一過性で終わってしまい、継続していくことは難しい**と感じています。

私自身も、何か派手なことができるタイプではないので、コツコツやることしかできません。毎日、同じことをくり返す日々です。

朝は市場に仕入れに行き、ジムに行って体を鍛え、店に行って仕込みをして外部との打合せ、賄いを食べてからスタッフミーティングをして休憩を入れる。そして店を開ける。

決まりきったルーティンですが、ひとつもおろそかにせずに丁寧に仕事と向き合っています。だからこそ、一流のお得意さまに足を運んでいただける店をなんとか維持していると思いますし、これから先まだ成長する希望も持っています。

一流の仕事人は体力がずば抜けている

コツコツやることの中に、体力づくりも含まれます。スポーツ選手はトレーニングをするのが当たり前ですが、ビジネスにおいても何より体力が大切です。世の中の経営者やデキるビジネスマンはみんな、体に気を付けていて体力もずば抜けています。体が維持できないと、心も維持できない。頭も冴えないし激務にも耐えられません。

鮨屋を経営する私自身も、まさに体が資本だということを痛感する日々です。とにかく、休める時間が少ないのです。

スタッフの休みは月に8日ですが、私自身は6日の休み。その中で4、5日は会食などの付き合いがあるので、ちゃんと休めるのは月1、2回くらいしかありません。

毎日ジムに行き、体力づくりに精を出すことも仕事の一環だと思っています。

とはいえ、年齢を重ねていけばどんなに体力づくりをしようと、どうしても衰えてくる部分は出てくるもの。30代でやれていたことと40代でやれていたことは違いますし、50代になればますます思い通りにいかないことも増えていきます。

しかし、**一流の人たちはみんな、変化を受け入れつつもできるだけ身体機能を維持する努力をし、そのための情報収集にも余念がありません。**

それと同時に、私は個人的に働き方改革もしなければならないと思いはじめています。とにかくがむしゃらに動ける年齢でなくなってきた時に、がむしゃらでなくてもうまく仕事を回せるようにする。そこに気を配っておくのも、経営者としての責任だと思います。

一流の仕事人たちは、ずば抜けた体力を持ちつつも衰えを軽減する努力と、努力だけではどうにもならなくなった時の対処法を工夫しておくものです。そういう工夫も、日ごろコツコツ続けているルーティンを見直すことからやっていかなくてはならないと思います。

状況に応じた経営スタイルの変化

人手不足のご時世に人を集める鮨屋

今、多くの業界は人手不足に悩んでおり、飲食業界もご多分に漏れずなかかなか人材を集められないでいます。

ところがそんな状況の中で、たくさんの人材を確保して事業を拡大している鮨屋仲間の後輩がいます。

完全週休2日制を採り入れることができるのは、それだけスタッフの人数がいて、シフト制でみんながきちんと休めるからです。では、どうやって人集めをしているのかというと、これも本当に驚きの方法でした。

鮨職人を募集するのに、普通は「職人になりたい人」「鮨が好きな人」「将来、技術を身につけて独り立ちしたい人」などとうたって広告を打つものです。しかし、彼の店ではまったく違う広告を出しています。

「筋トレ、野球、釣りが好きな人、集まれ！」

この文言で、鮨職人を集めるのです。つまり極端に言えば、「別に鮨職人になるということに意味を見出さなくても、自分の好きな趣味を充実させよう。生活のために稼ぐ手段として、鮨職人になればいい」という呼びかけをしているようなもの。

筋トレ好きの人は、法人契約のジムが使い放題。野球好きの人は自社の野球チームに入って試合ができ、バットやグローブも支給される。釣り好きな人のために、自社で買った釣り船を週1回出してくれる。

自分で趣味のためにお金をかけなくても、会社がさまざまにバックアップしてくれるわけです。プライベートを大切にしたい人にとって、申し分のない環境が整っています。

まさに目から鱗が落ちるとはこのこと。鮨職人の募集なのに、まずは趣味ありきで、お金を稼ぐための仕事としては鮨を握ろうというアプローチなんて、私には考えつきもしませんでした。

人が集まらないという状況に応じて、視点を変えて経営スタイルも変えてみる。言うのは簡単ですが、実際に釣り船まで買うという決断はなかなかできるものではありません。

きっと「鮨職人になりたい人」と募集する時点で、時代遅れということなのでしょう。感心して、非常に勉強になりました。

飲食店としては異次元のビジネスモデル

私もその鮨屋に食べに行くことがあるので、実際に働いているスタッフたちの生の声を聞きますが、みんな満足しています。「こんなにいい店はない」と言います。

トップが、プライベートがうまくいかなければ仕事もうまくいかないという考え方であり、それに賛同する若い人たちはたくさんいるということです。

野球のバットも1本で4、5万円もするような趣味の世界。趣味を深めようと思えばお金がかかるのに、一般的な会社員の数万の小遣いの中でまかなおうとすれば無理があります。配偶者からの文句も出てくるかもしれません。

それを全部会社が持ってくれるとしたら、はじめからそれほど鮨に対する思い入れがなかったとしても一生懸命に働いてくれるのではないでしょうか。

実際、釣り好きのスタッフたちは自分で釣った魚を店に持ち込み、さばく練習をしています。釣りは〝魚〟という鮨との共通項があるからですが、いい相乗効果が生まれていることは確かです。

飲食店のビジネスモデルとしては、異次元だと思いました。

この鮨屋の場合は「筋トレ、野球、釣り」という趣味を持ってきましたが、他にもいろいろな趣味で集めることもできます。そこには経営者のカラーが出るので、おもしろそうです。

もしかすると、経営者自身も自分のやりたいことをやって楽しんでいるのかもしれません。

これまで考えつきもしなかった、こんなに斬新なアイデアで成功した仲間を尊敬していますし、刺激を受けました。

他業種をうまく取り入れたハイブリッド経営

建設会社が保育事業に乗り出す

7、8年前でしょうか、待機児童問題で保育園事業に参入する人や企業が増えたことがありました。

困っている家庭のサポートをしたいという志を持った人たちが多く、自分の退職金と補助金で保育園をつくろうと行動したのです。ところが、あまり報道されていませんが、せっかくの厚意が無駄になり、つぶれてしまった保育園も少なくありませんでした。

その理由は、補助金はすぐに下りるわけではないので、それまでの間は借り入れをしなくてはならないけれど、うまく資金を回すことができずに行き詰まってしまうということ。

非常に残念なことですが、破綻する保育園があり、融資をしていた銀行も困ってしまうという状況があったのです。

そんな時、私がお世話になっていた建設業の経営者Aさんが、銀行から「破綻した保育園があるのですが、なんとか面倒をみていただけませんか?」と相談を受けたそうです。

建設業と保育事業ではまったくの畑違いですが、Aさんは保育園を買い取ることにしました。実はAさんは、社員たちの妻にも自社で働いてほしいという希望を持っており、自社で保育園を持てば共稼ぎしやすいだろうと目論《もくろ》んだわけです。

建設業界も人手不足です。特に、大型免許を持ったトラックやダンプのドライバーや重機のオペレーターが少なくて困っていました。それを、社員の妻たちにやってもらおうと思ったのです。

大型のドライバーも重機オペレーターも、一般的には女性向けの仕事だとは思われていません。しかし乗って運転する仕事であり、大変な重労働というわけではありません。女性でも十分できる仕事です。

しかも、相場では600～800万円程度の年収を見込めます。世帯年収が600～800万円も増えたら、いいと思いませんか。もし**自社に保育園があれば、安心して共稼ぎできる社員たちが増えます。**それを狙って、保育園事業に参入したそうです。

八方良しのハイブリッド経営

しかし、保育園を経営していくのも簡単なことではありません。なにしろ、先生が集まらないというのが定説で、どこの保育園も苦労するという話をよく聞きます。

ところがAさんは、「やってみてわかったよ。なぜ先生たちが集まらないのか。どうすれば集まるのか」と言って、集めることに成功していました。

先生が集まらない理由は、ずばり低賃金にあります。

Aさんは、建設会社の社長としてしっかり稼いでいるので、保育園で自分自身が大きく稼ぐ必要がありません。だから理事長として月に20万円をもらったら、残りはすべて先生たちで分けてもらうことにしたそうです。園長先生には50万円、残りを先生たちに等分に分けると1人につき30万円の給与を支払えます。

月に30万円が絶大な効果を生み、電話が鳴りやまないほど応募者が集まったということでした。

結局、建設業と保育事業のハイブリッド経営は大成功を収めました。

保育園のスタッフは給与に満足して働き、人手不足も解消して経営は安定する。社員の子どもを自社保育園で預かり、夫婦そろって自社で働いてもらうことでこちらの人手不足も解消。社員は夢のマイホームも、自社が建設業だから割安で建てられる。さらに妻の稼ぎで600～800万円も増えた世帯年収のおかげで、ローン返済も早くラクに終えられる。

経営側が成功するだけでなく、誰にとってもメリットがあるビジネスモデルができ上がっています。

このビジネスモデルは、これまでの常識と思われていたことを壊すことからはじまっています。

まず、保育園のオーナーであるAさんが、建設会社の経営者でもあるために自らの報酬をあまり求めなかったこと。オーナーであるのに月に20万円しか受け取らないことで、スタッフたちに十分な給与が支払われることになりました。

また、社員の妻を大型のドライバーや重機オペレーターとして採用したこと。

これまで建設業界は男性社会というイメージがあり、特に大型ドライバーや重機オペレーターは男性の仕事だと捉える人が多かったと思います。でも、そんな先入観を壊してみれば、女性にできないわけがない。外で重機を操るよりも、家にこもって子どもと四六時中顔を突き合わせて子育てをする方が大変かもしれません。

それなら、妻も働いて社会貢献をし、収入を増やして楽しく生活できるようにした方がずっといいと思いませんか。

実際に子どもをすんなりと保育園に入れて共稼ぎをし、マイホームを建てていく同僚を見たら、「自分の家も共稼ぎがいいのかも!?」と行動を起こす社員たちはいます。

それが**ポジティブな連鎖となり、ますます会社は潤う**のです。こうして、Aさんが目指した他業種を取り入れたハイブリッド経営は、今もうまくまわっています。

第５章

富裕層を惹きつける
鮨屋のこだわり

なぜ富裕層は鮨屋に集うのか。鮨屋のどんなところが、成功を収めた人たちに好まれるのか。

その理由は人それぞれ違うかもしれませんが、私が鮨屋側として感じられることはいくつかあります。富裕層を目指すのなら、富裕層が好む鮨屋について知っておくことにも意味があるはずです。

富裕層に信頼されるのはしっかりとしたコンセプトがある鮨屋

江戸前鮨の古きを重んじる蝦夷前鮨

成功する一流の人々とは、必ず何かしら自分自身の芯とも言える信念やこだわり、方向性というものを持っています。それが決然とものごとを推し進め、成功へと近づける力になっているものです。

だから、自分の世界で成功して富裕層となったら、やはり同類と関係性を構築することを好みます。つき合う人はもちろんのこと、買い物をする店やレジャーを楽しむ場所、食事をする店といったサービスを受ける場でも、**しっかりとしたコンセプトを感じられるところに行くのが心地いい**と感じるものだと思います。

鮨屋も同じで、コンセプトがしっかりしている店でなければ、富裕層のお得意さまはつきにくいのではないでしょうか。

どんなコンセプトならいいということではないと思います。いろいろな鮨屋があって、その中からご自身の好みの店を見つけていくのです。

その中で、私自身は自分の店のコンセプトしか語ることができないので、『鮨わたなべ』は何を目指し、それをどう深めているのかということを一例としてお伝えします。

私が目指しているのは、古きを重んじる伝統的な江戸前鮨を北海道で提供することです。つまり、江戸前鮨の伝統的な手法を使って、北海道の素材をうまい鮨、料理に仕立てた蝦夷前鮨をご提供したい。

江戸時代の後期から世に広まった江戸前鮨そのままの技法や心意気、考え方を大切にしたいのです。

江戸前鮨の伝統を再現

江戸前鮨が誕生したのは、江戸時代後期です。それまで寿司は、なれ鮨や箱鮨や棒鮨といったかたちで親しまれていましたが、1800年代前半の江戸の町で、屋台で気軽に食べられる握り鮨として庶民に広まりました。

当時の江戸は、100万人もの人が暮らす大都会。せっかちな江戸っ子たちが手早く食べられるものとして、握り鮨は大人気になったそうです。

ネタは、江戸前の漁場で獲れた魚介類。だから、江戸前鮨と呼ばれるようになりました。

魚介類でも、裕福な人たちが食べる本当においしいところではなく、それ以外の部分をいかにおいしく食べさせるかが職人の腕でした。また、当時は冷蔵庫がなく交通手段も発達していなかったので、ネタとなる魚介類を日持ちさせる工夫も必要でした。

そのため、タレに漬け込む、酢や塩で締める、煮る、といった技術が発達していきました。

また、使われていたのは当時の一番安いお酢である赤酢。古くなった米に安い赤酢を合わせ、あまりいい部位ではない魚介をネタとして使う。これがもともとの江戸前鮨なのです。

やがて、日本は急速に近代化していきます。第二次世界大戦で国自体が大きな傷を負いましたが、戦後の復興も目覚ましく、その後の高度経済成長期には交通網も発達し、新鮮なものが簡単に手に入るようになっていきました。

昔は高級品だった純米酢に新米を合わせ、新鮮なネタを乗せる鮨も食べられるようになりましたが、職人としてはただネタを乗せただけではおもしろくない。

もともとの江戸前鮨の王道を歩んできた店もたくさんあり、ネタもシャリも工夫する気概がありました。そういう店がのれん分けして技術も代々引き継いでいき、今も江戸前鮨の伝統を守っています。

古きを重んじることを大切にするとはいえ、昔のままの味では当然ながら今の人たちの舌には合いません。やはり、食べておいしいと感じてもらわなくては、いかに伝統を守ったとしても意味がない。

だから私は、ものすごく**古い料理のレシピを今風にアレンジして再現する**ということをやっています。それが、自分のスタイルです。

そしてその江戸前の考え方と技術というものを、あくまでも北海道の食材でやっていくことにこだわっています。それが蝦夷前鮨なのです。

シャリ重視の鮨を握るために

北海道の食材にこだわっているのは、ネタだけではなく米もそうです。北海道産の米を使います。

特に、鮨屋がネタ重視とシャリ重視に分かれる中で、シャリ重視の私にとって米は重要です。第1章でも触れたとおり、産地の違うゆめぴりかをブレンドして、時期によって配分を変えながらいつでも一定のクオリティを保てるようにしています。

その米を浄水器の水でといでも、炊き上げる時には天然水を使います。北海道の水道水は、雪解け水が入ってくると塩素が強くなるので、あまり水の状態がよくないと感じる時期があるからです。

といでからはお湯で浸水させ、炊く時には冷蔵庫でキンキンに冷やした水、というように温度にも気を遣います。そして、炊き上げるのは特注品の南部鉄器の羽釜です。

また、一度にまとめて炊くことはなく、夜の営業のために2回炊きます。なぜなら、うちの店では米に砂糖を入れないので、時間が経つと劣化してしまうからです。

砂糖には保温効果と保湿効果があって米のおいしさを保つ働きをするのですが、私は米本来の甘みを引き立てるために砂糖を使いません。すると、開店早々にいらしたお客さまにお出しする米は、遅い時間になってからいらっしゃるお客さまにお出しする頃には劣化している。

だから米を2回に分けて炊き、早い時間のお客さまでも遅い時間のお客さまでも、うまいシャリを召し上がれるようにしています。

ここまで米と炊き方にこだわっている鮨屋は、この広い北海道にもほとんどないと思います。

赤酢で爆発的なうまさを引き出す

その米に、江戸前鮨伝統の赤酢を合わせます。

時代が下るにつれて、昔は高級だった純米酢を手軽に使えるようになって、純米酢でシャリをつくる鮨屋も多くなってきました。純米酢は万能で、基本的にどんなネタとも合います。だから、**ネタ重視の鮨を出したい店は、純米酢だけを使います。**

しかし私は伝統にこだわり、赤酢をメインにしたブレンド酢を使います。そしてこの赤酢は、どんなネタにも合うわけではないですが、**締めたり寝かしたりしたネタには合いますし、特に大型の魚の爆発的なうまさを引き出すことができる**のです。

わかりやすいのはマグロ。マグロの大味な部分と油の部分が、独特のにおいがある赤酢とうまくマリアージュするので、純米酢だけのシャリを使うよりも圧倒的にうまい鮨になります。

純米酢だけのシャリではどうしてもマグロの味が先行して、鮨を食べているというよりもマグロを食べている感覚になりやすいです。

逆に白身の魚に対しては、赤酢を使ったシャリは強すぎて合わない。だから魚を寝かしたり昆布や塩で締めたり、技術をほどこして赤酢に合わせていく。それが、私のスタイルです。

また、ネタの温度にも気を配ります。赤酢に冷えたネタを合わせると、これが最悪でまったくうまくない。だからできるだけ**ネタを常温に近づけて、シャリの温度とあまり差がないようにしていきます。**

高級店に行ってみると、ネタを切りつけ（魚をネタの形に切ること）、時間をおいて握っているものですが、それは常温に近づけるためなのです。

やはり、**鮨のおいしさを感じるのはネタとシャリとのマリアージュ**だと思っています。何にでも合う純米酢を使って切った魚を乗せるだけでは、このマリアージュの妙は味わえません。

富裕層たちを惹きつけるおまかせの鮨

おまかせのルーツ『きよ田』

もともとは庶民が手軽に屋台で食べるものだった江戸前鮨ですが、当時から高級店もありました。安く食べられる屋台は、戦後の高度経済成長期になると衛生上の理由から廃止されたため、鮨屋はだんだん高級な料理屋というイメージになっていきます。

今は、以前と同じように手軽に食べられる回転鮨という形態もありますし、回転鮨ほど安くなくても庶民的な店はあります。しかし、高級イメージが定着して、名店と呼ばれる一流の鮨屋には富裕層が集まるようになっていきました。

こうした富裕層を満足させるために、〝おまかせ〟と呼ばれるコースが生まれたと言われています。

はじめに〝おまかせ〟をはじめたのは、政財界の名だたる重鎮が集まる名店中の名店『きよ田』です。

古くからの手法を守り続ける格式高い『二葉鮨』で四天王のひとりと呼ばれた天才鮨職人・藤本繁蔵氏が初代の大将を務めた店。そして、藤本氏がおまかせをはじめたそうです。

きよ田さんは、富裕層でなければなかなか行けないような高級店です。富裕層に向けて「その時期の一番いいもの、うまいものを出す」というコンセプトから、おまかせが生まれました。

お客さまに「何が食べたいですか？」と聞いてお客さまが選んだものを出すのではなく、とにかくその時期に一番うまいもの、大将がいいと判断したものを出すわけです。

富裕層の人たちは、十分に稼いでいる自分たちこそ一番いいものを食べるにふさわしいと考えています。自分で食べたいものを選ぶよりも、行きつけの鮨屋の大将を信頼してまかせる。値段のことは考えない。最高のものを食べるために、いくらでも出すことができる人たちです。

こうした背景から、きよ田さんでおまかせがはじまりました。やがてそれは他の鮨屋にも波及して発展していき、**富裕層は最高のものを食べたいからこそ鮨屋に行くようになった**のです。

富裕層は飲み物を細かく注文しない

手間と時間をかけたくないというのも、富裕層の人たちの特徴のひとつ。だからこそ、おまかせが喜ばれるという面もあります。

わざわざメニューを開いて、何を食べたいか考えるのが面倒くさい。まかせるから、とにかくいいものを出してくれ！　そんな感覚ではないでしょうか。

なにしろ、お酒すら選ばないということもあります。

「今日は日本酒3杯飲みたいね」「最初はビールで、その後は何かいい日本酒を選んでもらえる?」というように、銘柄はこちらに委ねるパターンが多いです。

銘柄まで考えるような無駄な時間を費やすよりも、せっかくお気に入りの店に来たのだからくつろぎたいというのが本音だと思います。

そのため、私の店では酒類も幅広くそろえています。まずは自分の料理に合う酒を、日本酒に限らずさまざまセレクト。

しっかり食べたいのか、それとも接待なのか、お客さまが鮨屋を使う用途に応じて酒もこちらで選んでお出しできるようにしています。

おまかせはその店の〝顔〟

おまかせは、**その鮨屋が「これが最高の鮨であり、最高の料理です」と自信をもってお客さまにお出しできるもの**です。いわば、店の顔となります。

つまり、それを食べていれば「これが一番うまいものなんだ」とお客さまは安心ですし、コースにすれば値段もわかりやすい。

一時期、鮨屋が衰退してしまったことがありましたが、それは「値段がわからない」ということが大きな理由でした。鮨屋では、最後のお会計で値段を聞いてびっくりしてしまうということがあり、それが正当な値段なのかどうかもわからないと不信感を持たれることもあったようです。

そうした値段に対する疑問の解消にも、おまかせのコースは役立ちました。

当然ですが、おまかせの構成を考えることがとても重要な仕事になってきます。店のトップである料理長や店長の仕事になるわけですが、まさに腕の見せどころとなるわけです。

最高の鮨と料理をお出しするとはいえ、コースであれば値段の制限もあります。原価が高くて人気があり、おいしいものをスペシャルな一品としてご提供するのは前提として、コース内でバランスを取りながら調整していかなくてはなりません。

仕入れを考え、メニューを練る。その作業が店の顔をつくるわけですから、これがうまくいくかどうかでおまかせのコースが充実するかどうかが決まりますし、それがひいては店の価値をも決めることになります。

そんな**重要な仕事を任されている料理長には、経営者的な価値判断が求められます。**料理の腕だけでなく、仕入れのコストも考えて経営を安定させつつ店の顔を生み出すわけですから。

雇われでトップを務めている場合、この仕事をうまく運営できる人であれば独立して店を持ってもうまくいきます。その仕事ぶりを認めてついていく富裕層の顧客もいるでしょう。

一度食べて「うまい！」と思えば毎年食べに来るのが富裕層

もちろん、私の店では私自身がおまかせの構成を考えています。北海道の食材にこだわり、その時期に最高においしい旬のものを使う。それを心がけています。

北海道ならではの食材というと、実は深海魚が多いです。たとえば、メヌキという白身の深海魚。それから、私の店では焼き物で使うアブラボウズも深海魚です。

また、ウニが年中獲れるのは北海道だけ。とはいえ、獲れるエリアによってどんな料理に向いているかは違います。ウニそのものを召し上がっていただくには、7月に解禁される積丹漁港周辺（積丹、小樽、古平、美国、余市）のウニが非常に良質でおいしいです。

ですから私は美国の最高級ウニを使いますが、漁獲量が少ないので余市からも取り寄せます。

毛ガニも年中獲れるのですが、私は〝夜明けの毛ガニ〟とか〝流氷明け毛ガニ〟と呼ばれている、3月に獲れる毛ガニが最高だと思っています。

アリューシャン列島からプランクトンを含んだ流氷が流れて来て、春になって氷が溶けると、大量にプランクトンを放出します。それを、冬場にずっと腹を空かせていた毛ガニがエサとしてたらふく食べるのです。そこで、一気に身が成長します。

私はオホーツク海に面した日本最北の稚内に近い猿払産の毛ガニにこだわっています。私が食べた中では、間違いなく国内最高級の毛ガニです。

夏の時期であれば、根室の花咲ガニがおいしいです。ただ、北海道の中でも根室でしか獲れないので、希少価値が高くなっています。

生で食べるエビならば、羅臼のブドウエビ以上のものはありません。漁期は7月なのでお盆あたりまでしかご提供できませんし、水揚げ量も少ないのでこれもなかなか食べられません。私の店でも、かなりの数のお客さまからのご注文をお断りせざるを得ない状況です。

その食材が最高においしい旬に、おまかせに組み込んでお客さまにご提供するのが醍醐味です。そして、それを一度味わったらどうしてもまた食べたくなってまた足を運んでくださる。それが富裕層です。

日本全国どこからでも、「夜明けの毛ガニの時期だ！」「ブドウエビの時期だ！」となれば北海道にやって来る。とてもありがたいことです。

富裕層は基本的に通う店を決めている

名店の継続は難しい

鮨屋にも、名店の系譜というものがあります。

たとえば、おまかせのはじまりとして名前が出たきよ田さんは、江戸時代からの名店『二葉鮨』出身の有名職人として名高い「二葉鮨四天王」の一人である藤本繁蔵さんが初代大将を務めました。今は吉沢範彦氏が4代目として切り盛りしています。

また、やはり二葉鮨四天王の一角を占める中田一男氏は、『久兵衛』『与志乃』とともに「銀座の鮨御三家」と呼ばれた『奈可田』を開いて、たくさんのお弟子さんを育てました。奈可田さんは2015年に閉店しましたが、流れを汲む名店が多く生まれています。

その奈可田系列の名店の中に、北海道の江戸前鮨を牽引した『すし善』があります。店主は、奈可田出身の嶋宮勤氏。嶋宮氏はすし善を切り盛りするだけでなく、北海道鮨商生活衛生同業組合の理事長として北海道の鮨業界の先頭に立って活動されていました。

その功績はすばらしく、平成20年には「現代の名工」に選ばれ、平成23年秋に「黄綬褒章」を、令和6年春に「旭日双光章」を受章しています。

私も大変かわいがっていただき、影響を受けました。私は弟子ではありませんが、嶋宮さんにはたくさんのことを教わりました。その弟子は日本全国はもとより、世界中にいます。

北海道に限らず全国的に見れば、「銀座の鮨御三家」のひとつ『与志乃』出身の小野二郎氏の店『すきやばし次郎』も、多くのお弟子さんを育てています。もうひとつの銀座の鮨御三家の『久兵衛』出身の金坂真次氏は、『鮨かねさか』を中心にかねさかグループを形成し、たくさんの職人を抱えながら国内外に大きな影響力を持つほどの勢いがあります。
また、二葉鮨や銀座の鮨御三家のような伝統はないものの、各地で修業を重ねて『すし匠』を開店した中澤啓二氏も、精力的に後進を育成されています。

こうした、鮨通ならば誰もが知る名店で修業するということは、いわば学歴をつけるようなもので、有利な一面があるのです。親方が自分のお得意さまに「弟子の店に一度行ってやってください」と言うこともあるし、「○○で修業していました」という肩書で箔が付くこともあるので、プラスにはなってても決してマイナスにはなりません。
ただそれだけではダメで、やはり自分で自分の道は切り拓いていかなくてはならないのです。

そして、自分自身はすばらしい職人で成功したとしても、後継者を育てられなければ続いていく名店にはなれません。優秀な職人は大勢いるので、一代限りの名店はたくさんあります。ただ、それを継承して伝統をつないでいくことはとても難しい。

名店の系譜としてご紹介した店が、技を継承しながら鮨の歴史に名を刻んでいくのはとても大変なことで、そういう特別感もまた富裕層を惹きつけるのだと思います。

富裕層はくつろぎに価値を見出す

名店で修業したからと言って、必ずしも成功しない。その理由はさまざまあると思いますが、顧客を獲得できないことがポイントなのではないかと私は考えます。特に今の若い人たちの店は、あまり顧客を重視しないケースがあるように思います。

たとえミシュランの星を獲得していておいしさに定評のある店でも、通ってもらえなくてつぶれてしまうケースはあるのです。

やはり、**大事なのは顧客重視**。特別なサービスをするということではなく、笑顔で迎えてほどよい距離感で親しくお話しし、おいしい料理を出す。そして来ていただいたことを感謝する。それをすべて本気でやっていたら、お得意さまには絶対に伝わるはずです。

私もお得意さまを見て感じるのは、うちの店にホッとしにいらしているのではないかということ。ちょっと友だち感覚で、まるで遊びに来るようにくつろいで楽し気にしていらっしゃいます。特に、経営者の方々はそうです。

商売で成功されているような人は、雰囲気に流されてあれこれ手を出すようなことがありません。わかりやすく言えば、「ディオールの新作が出たから買おう！」「ヴィトンを見たら、欲しいカバンがあった」というように、流行りに乗せられてすぐに買ってしまうタイプではないのです。

流行りに乗せられるタイプの人は、「あそこの有名な鮨屋に行こう！」「次は東京から出店してきたあの店だ！」と目移りして、いろいろな店に行きます。探求心が強いという意味では、決して悪いことではありません。しかし、多くの場合**富裕層はきちんとした軸を持っていて、その軸を基準にしてどこかしら通いたくなるお気に入りの鮨屋ができる**はずだと思います。

富裕層は、基本的に通う店を決めています。そのうえで、新しい店にも行ってみて、いくつか使い分ける。たとえば、自分の行きつけにするほどではないけれど、お客さまの好みの店だから接待で使うというように。

そういうバランス感覚が優れている人が、長く商売を続けて成功しているように思えます。

第6章

札幌の鮨屋に通う富裕層の実態

『鮨わたなべ』の札幌店のお客さまには、地元の人よりも東京などから札幌を訪れる人が多いです。そして、単なるお金持ちではなく本当の富裕層に属する人たちが大勢いらっしゃいます。

では、真の富裕層とはどのような人たちなのか。ただお金をたくさん持っているということではなく、どんなライフスタイルなのか。

ネクストステージを目指す時、闇雲に稼ぐことを考えればいいわけではありません。だからこそ、私が見てきた富裕層のライフスタイルを、ぜひ参考にしてください。

簡単に真似できることではないし、真似に終わってしまえばかえって富裕層から遠ざかる。いつか自然にライフスタイルを身につけ、ぜひ『鮨わたなべ』に会いに来てください。

富裕層たちが北海道にやって来る理由

競走馬のセリ市場や庭先取引のためにやって来る

私の店にやって来るお客さまを見ていて感じるのは、買い物をしに北海道にやって来る方がとても多いということです。

買い物といっても、車やブランドものではありません。そのあたりの贅沢はもうやり尽くして、さて、次は何があるかなという時に、富裕層が興味を向ける定番に馬があります。競走馬です。

北海道は日本一の競走馬の産地です。年間約7500頭前後生産されるサラブレッドのうち、なんと約98%が北海道で生産されています。特に一大生産地となっているのが日高です。全国の生産数の80%が日高産の馬なので、馬主は日高に集まってきます。

日高を中心に、北海道では公設のセリ市場が多く開催されますし、牧場から直接買い取る庭先取引もさかんです。

庭先取引では牧場とのつきあいや信頼関係が必要ですが、富裕層はそのあたりも万全。もともと牧場とつきあいがあったり、紹介してくれる信頼できる人脈を持っていたりします。

日高の牧場で馬を見て、札幌で鮨でも食おうか。そういう感じで、店に足を向けてくださる方がたくさんいらっしゃいます。

不動産投資から街づくりまで

馬と並ぶ買い物で多いのは、不動産です。

少し前はニセコに熱い視線が注がれていましたが、今はもう個人でニセコの投資物件に手を出すことは難しくなってきました。ほぼ世界のリゾート地と変わらないような値段になってきて、大きな投資ができるファンド会社でなければば買えないような状況です。

また、札幌市内の物件も利回りがあまり期待できなくなってきて、富裕層の人たちの目は、今は郊外の方に向いていています。

苫小牧や石狩、千歳、北広島あたりが投資対象になってきているようです。北広島にエスコンフィールドができるなど、非常に開発が進んでいるので、そのあたりは地価が上がってしまって、もともと住んでいる人たちは固定資産税が倍になってしまって苦労しているようです。

そういう動きを、富裕層の人たちは見逃しません。話を聞いていると、これから開発が進みそうだと期待されている土地に、車を借りて自ら出向いて見て回っているそうです。

情報もたくさん入ってくるけれども、必ず自分で現場を見に行って判断する。嗅覚があるのか、その判断力も確かです。

富裕層の中でも、不動産投資をメインに稼いでいる人の中には、デベロッパーのように街づくりレベルの大掛かりな投資にも積極的な層がいる印象です。たとえばタワーマンションを2棟建てて、そこに病院もつくって、あとはいろいろな店も誘致しよう。あわよくばホテルも。インフラも用意するか、という印象。まさに都市計画の域にまで入っていきます。

そのくらい力のあるアッパークラスになってくると、富裕層の中でもレベルが違います。私の店のお得意さまでは、プライベートジェット機を何十機も所有している人がいました。

そのくらいの資産があれば、個人でも企業や行政と関わるような大きな仕事ができるわけです。そして、そういうお客さまは決してレアケースではありません。鮨屋の常連さんの中ではめずらしくないのです。

暑さから逃れて夏の間は北海道に住む

最近は特に、日本列島が熱帯化しているのかと思うほど、暑い夏に苦しめられています。ビルに囲まれアスファルトに固められた東京は、もう体感40度だと聞きます。

そんな中、スーツで歩いているなんて正気の沙汰じゃない。暑い夏の時期に、東京であくせく働かなくてはならないということは、富裕層にとってはあり得ない話なのです。

たとえば莫大な資産を受け継いでいるようなことでもなければ、勤め人でいる限りはなかなか富裕層に属することはできませんよね。医師のようなハイクラスの専門職であっても、資産家にはなれても本当の意味での富裕層になるのは難しいと感じます。

やはり経営者であり、行動の自由が利く人が富裕層には多いです。だからこそ、「暑いな」と思えば北海道に涼みに来る。お金も時間も行動も、制限を受けずに自由にいられることが、さらなる余裕を生み出しているように見えます。

特にリタイアやセミリタイアをしている人は、ちょっと涼みに来るだけでは物足りなくて、毎年のように夏の間は北海道で過ごすことも多いです。つまり、夏だけのプチ移住と言えばいいでしょうか。

気候的にも東京にいるよりずっと過ごしやすいし、昼間はゴルフをやったり牧場に馬を見に行ったり、温泉に浸ったりして、夜は鮨屋で食べておしゃべりをする。そんなお得意さまがたくさんおられます。

そのお客さまが顔を出してくださると、「あ、今年も夏が来たな」と実感します。そして10月頃になると、「じゃあ、また来年」と北海道を離れていくので、まるで風物詩のようになっています。

そういうお客さまは、11月頃になるともう寒さから逃れるために沖縄に行き、冬の間ずっと滞在するケースがめずらしくありません。**できるだけ快適に過ご**

せる場所に、自由に移動してしばらくは住む。そういう自由があるのが、本物の富裕層だと感じます。

富裕層はどんな鮨屋を選ぶのか

高ければ高いほどいいわけではない

お金の心配をまったくする必要がない富裕層であれば、超高級な鮨屋の常連になるのかな、と思うかもしれませんが、そうとも限らないと思います。

現に私の店は超高級店というほどの値段設定をしていないのですが、桁違いの富裕層のお得意さまは多くいらっしゃいます。みなさんが重視しているのは、鮨の値段がどうということよりも、**自分の価値観に合っているかどうか**ということのような気がしています。

とはいえ、じゃあ1万円の鮨を食べるかといえば、決して食べません。おそらく、どんな時にも彼らの頭の中にはきちんと経済の仕組みが入っていて、この価格なら原価はこれくらいであるとか、自分が求めるクオリティの鮨であれば1万円では無理だとか、この海産物なら値段はいくらとか、そういったことが判断できるのではないでしょうか。

鮨の値段は高ければ高いほどいいなんて、そんな単純で安易な発想はありませんが、うまい鮨を食べたいとは思っている。そして、うまい鮨を食べるためには安くてはダメで、ある程度は払わなくてはいけないということがわかっている。そういうことです。

たとえば不動産を買う場合も同じで、今このエリアでこの価格は適正なのかどうなのか、頭の中で瞬時に計算できる人たちです。「これなら買いだ」「いや、これはいい買い物にはならない」という嗅覚を持っているので、**その嗅覚を鮨にも発揮している**ように思います。

だから人によって、自分が受け入れられる鮨の価格をだいたい設定しています。たとえば札幌なら2万5千〜3万5千円で、東京なら4〜5万円というように、店のある地域も考慮して判断しているはずです。

そういうきっちりしたラインを維持しつつ、そこからプラスマイナスで5千円とか1万円とか、自分が許容できる幅を持たせた中で価値観の合う店を見つけています。

価値観が合うというのは理解が難しいかもしれませんが、つまりは相性の問題と信頼関係です。

ほとんどが紹介でなじみの鮨屋をつくる

では、どうやって相性が良く信頼関係を築ける鮨屋を見つけるのかというと、もちろん自分の足でいろいろな店に行って、「ここならいいかもしれない」としばらく通ってみて見つけることもあると思いますが、そういうケースは少ないです。

ほとんどは信頼できる友人や知人をきっかけに、なじみの鮨屋を見つけていくもの。何もきっかけがないのにお得意さまになられることは、ほとんどありません。

たとえば、「○○さんから聞いて来ました」とお得意さまの名前を出してくださったお客さまが、そのまま常連さんになられることは多いですし、お得意さまと一緒に来られてから気に入ってくださることもよくあります。

ありがたいことに、私の店もほとんどのお客さまが、そういうもともとのお得意さまからのつながりで来店され、そのまま何度も通ってくださるようになります。そうやってお得意さまがどんどん増えていくのです。

やはり、ふだんから価値観の合う人たちで交流しているわけなので、その付き合いの中で「いい店だよ」と誰かが勧めれば、同じ価値観で店を気に入ってくださるもの。

店にもコンセプトがありますから、それが自分に合うという人が集まってくれば、おのずと多くのお客さまにとっても居心地のいい場所となります。居心地の良さを求めて、通ってくださるようになるわけです。

だから、**富裕層が集まる鮨屋にはさらに富裕層が集まってくる。**その一方で、当然ながら選ばれない店も出てくるわけで、どうしても差が生まれてきます。もともと飲食業界の競争は激しいですが、富裕層に選ばれる鮨屋であり続けるには努力が必要ですし、今はご紹介が多いからといって安心してはいられないことも事実です。

私は特別なことはしませんが、自分のやるべきことをコツコツとやり続けて、**「あの店なら安心だ。大切な人を紹介できる」という安心安全な店であること**を常に意識しながらお得意さまをお迎えしたいと思っています。

趣味のつながりも大切な要素

紹介という意味では、同じ趣味を持つ人たちが集ってくださることもよくあります。先ほど紹介した、馬を買いに来る富裕層なども投資のためばかりではなく、馬が趣味だという人たちも少なくないです。

それからやはり、ゴルフ好きの人が多いです。夏に、涼しい北海道のコースをまわる話という話は、カウンター越しによく聞いています。北海道にはゴルフ場だけでなく、食べるものも鮨以外にもいろいろある。すすきのという繁華街もあるから、飲む場所にも困りません。だから、ゴルフのために遠方から来ることをいとわないのです。

車好きの人も多いです。ロールスロイスやアストンマーティンのオーナーはもちろんのこと、メーカー日本支社の幹部の方たちをお迎えすることがあります。

第2章でも触れたフェラーリ・オーナーズクラブの集まりもありますし、私自身がポルシェに乗っている関係で、ポルシェのユーザーもよく来てくださいます。ポルシェ本社の方たちも、札幌に来れば私の店を使ってくださることが多いです。

ポルシェのように、実は私自身の趣味嗜好をきっかけにお客さまが集まることもあります。ダイビングをやっているので、ダイビング仲間が夏場に北海道に来てくれた時には、だいたい私の店に寄ってくれます。

富裕層と言えるのかはわかりませんが、ダイビングはなかなかお金がかかる趣味ですから、仲間には医師のような上級専門職が多いです。あるいは、セミリタイアした経営者。

北海道では、積丹半島の美国の夏の海が最高にきれいなのです。シャコタンブルーと呼ばれる海の色。キラキラとした石灰岩の白い岩場。森のように広がる昆布。自然が創り出す造形美を見ることができます。

さんざん南国の海に潜って飽きてしまい、少し違う海中の景色を見たいダイバーにはうってつけなのです。

ダイビングもそうですが、他にも野鳥を見たりニセコのパウダースノーを楽しんだり、自然の中に入ることを楽しむ富裕層は多いと思われているかもしれません。ただ、店に来てくださるアッパー層を見ていると、すでにそういうナチュラルな癒しはさんざん味わってきて、もう卒業だと思っているような気がします。

それより、身体と心を休めたい。のんびりと心地よく過ごすために北海道にやって来て、好きな鮨をつまむ。そんなふうに見えます。

一流の人は一流の人を連れて来る

富裕層はビジネス会食、友人との会食、異性との会食で鮨屋を使う

国税庁の「令和3年分民間給与実態統計調査」によると、給与所得者の中で年収1千万円を超えている人の割合は、たったの4・9%です。

保有資産は収入では測れませんが、一般的に考えて年収1千万はそれほどのぜいたくはできません。他に資産を持っているのではない限り、富裕層には届かない層ですら、日本人の5%に満たないということです。

そうだとすれば、『鮨わたなべ』に集まってくださる富裕層のみなさんは、資産では日本人の上位1%未満に属する人たちであることは間違いありません。

それだけ成功するには、やはり人間力も必要で、ガツガツしていたり仕事でゴリ押ししたりするような人はいません。基本的に無駄遣いはしないけれど、

自分が気に入ればお金を惜しまず使う。気遣いもすごい。
ほとんどの場合、人としても学ぶべきところのある尊敬すべき人たちです。

そんな富裕層たちが鮨屋を使うパターンは、大きく分けると3つあると思っています。

まず、ビジネスの会食。2つ目に友人との会食。そして3つ目が奥さんや恋人といった異性との会食です。多くの場合、連れて来る相手も一流の人だと感じます。

ビジネス会食の場合は、自分で相手を選べるわけではありませんが、一流の人の仕事相手は一流であることが多いです。しかし、中には難しいお客さんを連れて来られるケースもあります。そんな時こそ鮨屋は重宝されると思っていて、カウンター越しに一緒に会話してお得意さまをサポートすることができるのです。

友人を連れて来る場合には、基本的には信頼関係がある人。「富裕層はどんな鮨屋を選ぶのか」のところで触れたとおり、お客さまは信頼関係のある人からの紹介で増えていきます。

自分の気に入っている店なら、信頼できる友人にしか教えたくないもの。そして、人間力のある富裕層が信頼しているのであれば、その人もまた人間力のある富裕層であることがほとんどです。

3つ目の異性を連れての会食の場合。

現役でバリバリ働く若い富裕層は、妻に限らず華やかな女性を連れて来ることもありますが、ある程度年齢を重ねた富裕層は、奥さんと仲良く鮨屋にやって来る人が多いです。

もちろん全員ではなく、それぞれの夫婦関係やご家庭の事情、食の趣味などによって、仲は良くても一緒に鮨屋には来ないご夫婦もいらっしゃいます。ただ、割合的にはご夫婦連れは少なくありません。

ご夫婦の様子を見ていると、仲睦まじいのはもちろんですが、奥さんの頭の良さというものを強く感じます。

富裕層には優秀な妻がついている

鮨屋に奥さんを連れて来る人は、「たまには夫婦で食事でもするか」というよりも、ずっと2人で行動を共にしているように見えます。もちろん、すべての富裕層が夫婦でいつも一緒にいるということではなく、別々に行動する人もいて、一緒にいるかいないか、どちらかのパターンにきれいに分かれます。

一緒に鮨屋にやって来るご夫婦は、まず食の好みが似通っています。ご主人の方が鮨好きでも、もし奥さんが鮨を苦手としていたら、やはり一緒に食べに来ることは難しいようです。

それは鮨に限らず、他の料理屋でも同じこと。食の趣味が合っていれば、いろいろな店に一緒に食べに行きます。

若い頃から戦友のように共に苦労を重ねてきて、成功した今がある。そんな絆が感じられることも多いです。一緒に力を合わせた結果が、現在の富裕層への扉を開いたのかもしれません。

また、子どもの教育にはお金を惜しまない人たちなので、だいたいは早いうちからお子さんを名門校に通わせるために寮に入れたり他の都道府県の学校に通わせたりしますし、海外留学させることもあります。だから、子どもも一緒に出掛けたり食事に行ったりする期間は案外短く、夫婦2人の生活がすぐにやってくるようにも見受けます。

カウンターで並んでいるそんなご夫婦と会話をすると、奥さんがとても優秀であることがわかるのです。

学生時代に成績が良かったとか、学歴があるといったような優秀さなのかどうかはわかりません。学力があるかどうかという意味での優秀さではなく、夫をうまく立てながらコントロールしたり、物事を決めていったりする才覚があるということです。

決して差し出がましくはなく、それでもしっかりとした自分の考えも持っている。ご主人の方も、そんな奥さんの優秀さを認めていて尊重している。そんなふうに見えます。

実は鮨屋には、紹介された美しい女性を連れて来るような人もいます。シンプルに女性と過ごすのが楽しいとか、きれいな人と一緒にいると食事もよりおいしいということなのではないでしょうか。

ただ、アッパークラスにいる人たちは、自分との関係性が薄い女性とひと時を過ごすようなことは少なく、もっと腰を落ち着けている印象です。

年齢を重ねて、もうフレンチやイタリアンは食べ飽きたし胃にもたれるとなると、静かに奥さんとカウンターで鮨をつまむのがいい。信頼できるいつもの店に行けば、黙っていても料理も酒も出てくるから楽だ。

そんな感覚で、ご夫婦そろって来ていただくケースが多いです。

シン富裕層には鮨屋を使いこなせるのか

現代らしい手法で巨額の収入を得ていくシン富裕層

鮨屋は多くの富裕層が集まる場であるということをお話ししてきましたが、では鮨屋にとって、富裕層とはどういう人たちのことを言うのかを考えてみたいと思います。

その前にまず、一般的な事実として、最近は「シン富裕層」という言葉が使われはじめていることについて。

従来の富裕層は、企業経営で成功を収めたり、スポーツや芸能といった専門分野で才能を発揮したり、莫大な資産を相続して自らもそれを維持できていたりするような人たちです。

しかし、シン富裕層の財の成し方は少し違ってきています。これまでには存在しなかった手法で、巨額の利益を得ることができる世の中になってきているのです。

もっともわかりやすいのは、ＹｏｕＴｕｂｅｒやインフルエンサーと言われる人々。職業と言っていいのかわかりませんが、ＩＴ社会になってはじめて世に出てきた仕事です。

ネット上で有名になり影響力を発揮できるようになれば、テレビ出演や本の出版、ＣＤデビュー、講演などの仕事も舞い込んできて、その分だけさらに収入は増えていきます。

また、投資術やアフィリエイト、自己啓発などのノウハウを情報商材として販売する人や、暗号資産で大きく稼いだ人もいました。こうした稼ぎ方も、近年になってからのＩＴの発達があってこそです。

野村総合研究所が各種統計から推計した富裕層・超富裕層の世帯数は、２０１３年以降、最新推計の２０２１年まで年々増え続けているそうです。

この調査では、富裕層を純金融資産保有額が1億円以上5億円未満、超富裕層を5億円以上と定義しています。この層の中に、シン富裕層が入り込んできているのは間違いありません。

鮨屋と親和性があるのは、従来型の富裕層

では、鮨屋にこうしたシン富裕層が通って来るのかというと、少なくとも私には、あまりそういう実感はありません。私が日々接しているお得意さまは、従来の富裕層と言われるような経営者、資産家、スポーツ選手、芸能人の方々がほとんどです。

もしかすると来店されているのかもしれませんが、常連さんとして親しくなっていくお客さまの中にはいらっしゃいません。

シン富裕層のような、時代の波に乗ることで富を得てきた人たちは、やはり時代の変化に敏感で新しいモノに対して嗅覚が働くので、気に入ったひとつの店に通うというよりは、話題になっているいろいろな店に足を運んでみるようなイメージがあります。

特にYou TuberやインフルエンサーI、情報商材を販売しているような人たちは、常に新しい情報を得て話題を提供し続けなければ、自分の商品価値を失ってしまいます。だから、ひとつの店に通っているヒマなどないのではないでしょうか。

それがいい、悪いということではなく、そういう事実はあるのだと思います。

ですから、店と常連客とが価値観を同じくし、心地よい空間を共有しながらじっくり関係性を築いていく鮨屋とは、残念ながら親和性がないのかもしれません。

鮨屋が本物だと感じる富裕層

私たち鮨屋が、長年大勢の富裕層のお客さまを見てきて、「これこそ本物だな」と感じるのは、もうあまり自分が動かなくても、どんどんお金が入ってくるような人たちです。

セミリタイアをして、大事なビジネスの判断はするけれども、多くの部分を人に任せている人や、十分に稼いで悠々自適にリタイアされている人もいます。現役でバリバリ仕事をされている方々もいらっしゃいますが、仕事や時間に縛られているようなことはありません。自由に好きな仕事をしていながら、十分に利益を出すことができる。

自分の身体ひとつで必死に働いているうちは、どんなに稼いでいてもまだまだ富裕層に足を踏み入れていないような気がします。仕事をされている場合、どれだけ大きく長く稼ぐ状態を続けられるかが肝心だと思うのです。

たとえば5千万や1億の年収が2、3年あったとしても、それは簡単に消えていきます。だから、そのレベルの生活を余裕で続けていけることが、私の中では富裕層の定義です。

おそらくこれは私だけでなく、多くの鮨屋仲間も感じていることだと思います。


おこがましいことを言うようですが、鮨屋としてもこうした余裕のある富裕層に来ていただけることが安心安全につながるのです。前述した通り、ほとんどが紹介でお客さまが増えていくような世界ですから、同じ価値観でくつろいでいただけるお得意さまが増えることが、何よりありがたいと思います。

その分、こちらも**お得意さまに「誰にでも自信をもって紹介できる店」という安心安全をご提供できる**ように精進しています。

シン富裕層から富裕層への可能性

これまでお付き合いをしてきた富裕層のみなさんと、いわゆるシン富裕層と言われる人たちとは趣が違うのですが、だからといってシン富裕層を否定するということでは決してありません。

自分の才能を生かして成功するということに変わりはなく、シン富裕層も従来の富裕層も、犯罪や道義的に許されないことでもない限り同じように尊重します。

ただ、その特徴として新しいものに目がいきやすいシン富裕層は、鮨屋の常連客のような従来の余裕のある富裕層のイメージにはなりにくいということでした。

それでも、今後はどうなっていくのかわかりません。まず、私たちが感じる本物の富裕層になるには、若い頃からお金を持つことによってチャンスが広がるのですが、シン富裕層はその条件に当てはまります。

将来の時間がたくさん残っているうちにお金を手にしていれば、さまざまなチャンスをつかむ機会が増えて、やがて継続的に大きな利益を得られるようになっていくかもしれません。

勤め人の給与だけではなかなか難しいので、新しい手法でも何でも若いうちにお金を手にしていれば、そこから本物の富裕層になっていく可能性は十分にあります。


パッと成功してすぐに終わってしまうケースもシン富裕層には少なくないからこそ、従来の富裕層のような「本物」とは簡単に認められない部分があるのではないでしょうか。

だからこそ、それを続けていけること、将来的には自分があまり動かなくてもお金が入ってくるようになることが大事なのです。

きっかけはシン富裕層でも、10年経ったらどうなっているのか。ゆとりを見つけて腰を落ち着けられる環境になっていたら、ぜひともなじみの鮨屋を見つけてもらいたいです。

おわりに

読んでいただき、ありがとうございました。

そして、これまで私にいろいろなことを教え、信頼を寄せてくださったたくさんのお得意さまにも心からの感謝を申し上げます。

お得意さまなしに、今の私はありません。私の店には信念がありますが、それを支えて継続させてくださったのは、これまで通ってくださっているお客さまたちです。

少年時代は野球一筋の毎日を送りながら、病気でその夢を断たれてしまった自分に、まさか本まで出版できるような豊かな未来が待っているとは思ってもいませんでした。

本文ではあまり触れることができませんでしたが、**鮨職人は非常に可能性のある職業**です。自分がなってみて、それを実感しています。

一流の人たちと触れ合えて多くの学びを得るだけでなく、自分自身も十分にビジネスチャンスを手にすることができるのです。

最後に、この鮨職人の可能性についてお伝えさせていただきたいと思います。

みんながイメージするエリートコースに意味はあるのか

私は鮨屋を営む家庭に生まれたわけではなく、大学も中退して学歴があるわけでもありません。それでも今、マスコミに取り上げられるような鮨職人になり、3店舗を抱える経営者となって不自由のない生活をしています。

お金が大事だと実感した中学生の頃の自分に、「大丈夫、お金にはまったく不自由していないよ」と声をかけて安心させてやりたいです。

この30年以上、日本の経済は衰退の一途をたどってきました。そのあおりを受けて、全体的に見れば国民生活もどんどん貧しくなっています。消費のスケールは小さくなって、日本人の多くが節約を気にしながら生活を維持していかなければならないような状況です。

富裕層や超富裕層は増加しているようですが、それは日本全体が豊かになっていることとはまったく違います。ただ、二極化が進んでいるだけだということは、誰もがわかっていることです。

そんな中で、少しでも暮らしのグレードを上げたいと思った時に、ごく普通の家庭に生まれた若者は何を目指すでしょうか。

一般的には、少しでもいい大学に入って、大手企業に就職して、平均よりはいい給与をもらう。せいぜいそのくらいしか、道がないように思っていませんか。

でも、難関大学に入学できたからといってどうなのでしょうか。確かに優秀であることの証になりますし、努力は認められるべきです。でも、それが暮らしのグレードを上げることには直接結びつきません。

まず、**難関大学への入学が大企業への就職とイコールではない**からです。もちろん、難関大学でなければ大企業への就職は難しいわけですから、条件をクリアしているといえるのですが、毎年のように就職活動に苦しむエリート大学生はいます。希望通りの企業に就職できる人は、いくら難関大学とはいえ一握り。

そして、首尾よく希望通りの大企業に就職できたとしても、そんなにいい暮らしができるようになるとも思えません。

大企業とはいえ、その給与レベルはさまざま。会社として安定はしているけれど、給与は中小企業と大して変わらない場合もあります。

また、実際に給与が高い会社であったとしても、20代でもらえる額はせいぜい想像がつく程度。「え？　そんなに稼げるの？」という驚きはないはずです。

学歴なんていらない

そう考えると、世の中の多くの親が子どもに望む「いい大学へ行っていい会社に就職」というのは、それほど利がある話には思えません。

大学受験で勝ち抜くのも、就職活動で生き残るのも、会社で生き残るのも、大変な努力と時間を費やすことだと思います。それだけ自分の人生のコストをかけて、平均よりはまあちょっといい生活ができるというだけなら、とても効率が悪いように感じられます。

加えて、有名大学に行くのならまだ意味があるように思えますが、今は大学進学率が上がって、とりあえず誰でも大学を目指す風潮があることにも疑問を持っています。

みんな大学に行くから、レベルにこだわらず自分が行ける大学に借金をしてでも行く。そんな進路を選んで、経済的に明るい未来があるのでしょうか。正直に言うと、心配です。

一方で、鮨職人はどうでしょう。

「いい大学へ行っていい会社に就職」という考えしか浮かばない教育熱心な親御さんには、まったく頭に浮かばない進路かもしれません。

しかし、自分が鮨職人として生きてきてわかるのですが、**高学歴のエリートコースよりもずっと稼げるようになる可能性は高い**です。

難関大学にも一流企業にも、入れる人数は限られています。だから、どんなに努力してもその限られた人数の中に入れない人は大勢いるのに、なんとか入ろうとする。

チャレンジはすばらしいですが、現実を見ることも大事です。勉強が得意ではない、興味がないという場合には、無理にエリートコースを目指すことはありません。また、エリートコースを目指せないからといってあきらめることもありません。

料理人という道があるのです。

チェーン店の調理場のような職人と言えない料理人や、団体客目当ての大箱のレストランの雇われ料理人の話をしているのではありません。しっかり修業をして、れっきとした職人と名乗れるレベルの料理人の話をしています。

鮨職人に限らず、ある程度の格式がある料理屋で店を任されるような料理人になれば、かなり稼げることになります。序章でもお伝えしたように、アルバイト先の日本料理店で料理長の給与を知った時に、その金額に驚いたほどです。

そもそも料理人の世界では、学歴なんて無意味です。あってもなくても、どちらでもいい。とにかく、おいしい料理、お客さまに好まれる料理がつくれればいいわけです。

ですから、私は大学を中退しました。それでもこれまで、まったく困ったことはありません。

料理人の中でも特に鮨屋に可能性がある

また、私がぜひ多くの人に伝えたいのは、料理人の中でも特に鮨職人には大きな可能性があるということです。

それには大きな2つの理由があると私は考えているので、それぞれ説明していきたいと思います。

理由その1　店の後継ぎでなくても自分の店を持てる

修業仲間には鮨屋の息子さんが大勢いましたが、別に後継ぎでなければ成功できないというものでもありません。

もしこれが他の料理なら、自分一代で店を構えるのはなかなか大変なことです。なにしろ大変な開業資金が必要となります。

厨房とお客さまが食べるスペースとを分けて用意し、たくさんの食器にテーブル、インテリア、ホールスタッフなどを用意しなければなりません。高級店の後継ぎであればいいですが、そうでなければ一から資金を準備しなくてはならないのです。

しかし、本文でも少し触れましたが、**鮨屋ならカウンターと冷蔵庫があればいいので、狭いスペースでも開業できます。**食器に凝ることも日本料理屋やフレンチレストランに比べれば少ないですし、ホールスタッフも要りません。

結局、それほど多額な費用をかけなくても店を持てるということなのです。

それだけではありません。鮨屋が投資対象になるということも本文で触れているように、富裕層が集まる店でしっかり仕事をこなしていれば、「店を出さないか?」と声をかけられる機会はあります。

富裕層の常連さんは、確かに投資として鮨屋開店を持ちかけているわけですが、投資目的だけというわけでもありません。

長年通っているお気に入りの鮨屋。自分の力で新店舗開業にこぎつけたら楽しい! 大将の人柄もわかっているし、自分がよく行くところに出店してもらえたら、新店舗にも通うことができる。

そんなことを純粋な楽しみと感じて、なんとか親しい鮨屋の大将をくどきたいということなのです。

富裕層が集まり、直接言葉を交わすからこそ、そういうチャンスがやってきます。

こういう声かけで、どんどん店を増やしていけることもあります。もちろん、そこに経営の才覚は必須となってきますが、ただの職人で終わらずにビジネスとして成功させたいという気持ちがあれば、それが叶う環境は十分に整っていると言えます。

理由その2　海外でも成功できる

自分の店を持つ前に、私は海外で何度か仕事をする機会がありました。

海外では、鮨職人はとても尊敬されます。そして、その分だけ稼げるということになります。

そもそも、日本よりも外国の方がものづくりに対する敬意があると思います。そのうえ、鮨は日本の食文化を象徴するような外国の人にとってはめずらしいもので、鮨職人の仕事は非常に興味深く見られています。まるで魔法のようだと不思議に感じられるようです。

海外でもいろいろな場所で鮨を握ってきましたが、どこでも拍手喝采を浴びました。日本では、そんなことは経験したことがありません。

だから、鮨職人は海外では引く手あまた。求められているし、待遇もいいです。日本で暮らすよりも物価は高いでしょうが、その分給与も高くなる。

ただ、迷うこともあると思います。

職人としての技術がそこまで高くなくても、鮨文化が根付いていない海外でなら、なんとかなってしまうのです。すると、そのままなんとなく海外にいればラクですよね。

日本にはいつ帰ろうか。帰ったとしたらやっていけるのか、自信がない。そうかといって、このままずっと海外で働く覚悟はあるのか。

答えを出すのが難しいそんな悩みを抱えることもあるようです。

それでも、ビッグチャンスがあることは確か。地道に腕を磨いて、職人としての自分の価値を高めれば大丈夫です。

海外に鮨屋を出店したい投資家はたくさんいますから、店を任せてもらえるくらいの職人になれば、そこで店長や料理長として活躍することができます。

経営者としても夢がある

私だけでなく、鮨屋として充実した働きぶりを見せる仲間たちはたくさんいます。**自分の思うとおりに店を経営し、自分が求める鮨をカタチにし、一流のお得意さまたちと信頼関係を築いていける。**富裕層の方たちとも、ゴルフや食事などのお誘いを受ければ、なんとか気後れすることなくお付き合いすることができます。

もちろん、富裕層のように、自分がほとんど動かなくてもお金が入ってくるわけではありません。店を開け続けてできるだけお客さまをお迎えするのが仕事ですので、時間的な自由が約束されている職業でもないです。

それでも、自分のコンセプトを追求できることにやり甲斐を感じていますし、これから先、経営者としてビジネスの拡大を狙えることが楽しみでもあるのです。

お得意さまにとって、誰を連れて来ても安心安全だと思っていただける店であるために、やるべきことをコツコツと着実に続けながらも挑戦も忘れたくないと思っています。


そして、いずれは日本を代表するような鮨職人を育てたい。それが私の夢です。

今の時代、若い人たちの仕事に対する意識は私たちの頃とはずいぶん違いますし、働き方改革もあって職人を育てにくい世の中になっています。だから、夢を実現させることは簡単ではないでしょう。

それでも、誰もが一目置く鮨職人を育てることで、鮨職人という職業には大きな夢と可能性があることを世の中の人に知らしめることができたらいいと思います。

私の鮨職人としての歩みを見てください。

エリートコースを歩まなくても、ポルシェに乗れます。

大学を中退しても、経営者になれます。

鮨を握り続けて、マンション1棟のオーナーにもなりました。

そこにはそれなりの努力があり、鮨職人になりさえすれば誰もが稼げると言うつもりはありません。でも、環境は用意されているので、その環境の中で自分がいかに行動するかにかかっているのです。

仕事に真摯に向き合うことだけは、絶対に必要です。それに加えて、**自分の責任で店を運営していくという覚悟と経営哲学があればいい**と思います。

日本中の人が、「いい大学を出て大企業」を目指しても意味がありません。勉強ばかりが、人生の糧になるわけじゃない。

広い視野で世の中を見渡して、鮨職人という選択肢もあるということにぜひ気付いてください。

江戸後期からの江戸前鮨の歴史の中で、いくつもの名店や何人もの名人と呼ばれる職人が生まれてきました。その中で、私も自分の名前を残さないまでも、鮨職人の可能性を世の中に知らしめる一端を担えたとしたらうれしい限りです。

この国の鮨文化は、独特で美しい。それを支える私たち職人もまた、誇りをもって思う存分、技術を披露していきたい。それがきっと、これまで店と私を支えてきてくださったお得意さまへの恩返しにもなると思っています。

本書を読んでくださったみなさんも、少し新鮮な気持ちで鮨と向き合ってみてください。

渡部朋仁

わたなべ・ともひと

1972年、北海道生まれ。鮨職人。

東京の有名日本料理店や老舗の鮨店で修業したのち、2003年地元の北海道中標津町に戻って鮨わたなべを開業。2018年には鮨わたなべ札幌店をオープン。

北海道の食材を江戸前の技法を用いる“わたなべ流蝦夷前鮨”で日本中の美食家をうならせている。

趣味は、ダイビング、不動産投資、旅行、大谷翔平。

愛車は、ポルシェマカンGTS。

鮨わたなべ公式ホームページ
https://www.sushi-watanabe011.com/

本書をご購入していただいた方々に
特典があります。
ぜひ、以下のQRコードから
特設ページにお入りください。

https://pubca.net/cam/sushi-watanabe/

カウンター越しに学んだ
富裕層の成功思考

2024年11月22日　初版第1刷発行

著　者　渡部朋仁
発行者　大久保 尚希
発　行　サンライズパブリッシング株式会社
〒150-0043
東京都渋谷区道玄坂1-12-1
渋谷マークシティW22
03-5843-4341

発売元　株式会社飯塚書店
〒112-0002
東京都文京区小石川5丁目16-4

印刷・製本　モリモト印刷株式会社

ISBN978-4-7522-9041-4　C0036

プロデュース　水野俊哉
装丁・DTP　本橋雅文
（orangebird）
編集協力　尾﨑久美